[美] 供应链管理专业协会（CSCMP）
托马斯·戈尔兹比（Thomas J.Goldsby）
迪帕克·延加（ Deepak Iyengar ）
沙尚·拉奥（Shashank Rao） 著
曾月清 译

供应链与物流管理

运输网络规划、方式选择与成本控制

人民邮电出版社
北京

图书在版编目（CIP）数据

供应链与物流管理 ： 运输网络规划、方式选择与成本控制 / 美国供应链管理专业协会（CSCMP）等著 ； 曾月清译. — 北京 ： 人民邮电出版社，2020.9（2023.9重印）
ISBN 978-7-115-54147-5

Ⅰ. ①供… Ⅱ. ①美… ②曾… Ⅲ. ①供应链管理②物流管理 Ⅳ. ①F252.1

中国版本图书馆CIP数据核字(2020)第095538号

内 容 提 要

物流作为供应链管理中成本最高、影响最大的领域之一，优化其策略和流程将显著降低成本，提高客户服务水平，带来可观的经济效益，而运输又是物流的重要组成部分。

本书剖析了几种基本的运输方式、不同形式的运输服务商、新兴运输相关技术，通过分析各种影响因素的优势与劣势，帮助从业者做出具有战略意义的运输管理决策，包括网络设计、线路分析、运输方式与承运商选择、服务协商、服务评估、运输文件管理等。此外，本书还分析了运输的可持续发展以及未来的趋势。

不管是企业的经营管理人员，还是物流部门的工作人员，抑或是企业的培训师、咨询师，都可以通过阅读本书来全面了解物流管理的各个方面。

◆ 著　　　［美］供应链管理专业协会（CSCMP）
　　　　　托马斯·戈尔兹比（Thomas J. Goldsby）
　　　　　迪帕克·延加（Deepak Iyengar）
　　　　　沙尚·拉奥（Shashank Rao）
译　　　曾月清
责任编辑　马　霞
责任印制　周昇亮
◆ 人民邮电出版社出版发行　　北京市丰台区成寿寺路 11 号
邮编　100164　　电子邮件　315@ptpress.com.cn
网址　https://www.ptpress.com.cn
涿州市般润文化传播有限公司印刷
◆ 开本：700×1000　1/16
印张：18.75　　　2020 年 9 月第 1 版
字数：221 千字　　　2023 年 9 月河北第 8 次印刷
著作权合同登记号　图字：01-2019-7545 号

定价：79.80 元

读者服务热线：(010)81055296　印装质量热线：(010)81055316
反盗版热线：(010)81055315
广告经营许可证：京东市监广登字 20170147 号

托马斯·戈尔兹比（Thomas J. Goldsby）：

致我亲爱的妻子凯茜（Kathie）、可爱的孩子埃玛（Emma）和艾登（Aiden）、我的父母乔（Joe）和苏雅妮·戈尔兹比（Sujane Goldsby）、我的兄弟迈克（Mike）、我的岳父母道格（Doug）和卡萝尔·博伊德（Carole Boyd），以及每天激励和启发我的好朋友、同事和学生们。

迪帕克·延加（Deepak Lyengar）：

致我亲爱的艾德维（Advay）、我的妻子希尔帕（Shilpa）、我的父母米特拉（Mitra）和贾瓦哈尔（Jawahar），以及我的岳父母卡拉比（Karabi）和钱德拉舍卡（Chandrashekar），他们让我的生活变得更加有趣。

沙尚·拉奥（Shashank Rao）：

致让我的生活变得更加美好的人们——我的父母苏雷什（Suresh）和莎琳妮·拉奥（Shalini Rao），他们每天都在努力为我提供他们从未有过的机会。致我亲爱的雷卡（Rekha），她比我更了解我自己。

关于作者

托马斯·戈尔兹比（Thomas J. Goldsby）博士是俄亥俄州立大学物流学教授。戈尔兹比博士已在学术和专业期刊上发表了50多篇文章，并经常在世界各地的学术会议、高管教育研讨会和专业会议上发表演讲。他是*Lean Six Sigma Logistics: Strategic Development to Operational Success and Global Macrotrends and Their Impact on Supply Chain Management*的合著者。他也是俄亥俄州立大学卓越运营中心的副主任、全球供应链论坛研究助理以及美国国家中级市场中心研究员。戈尔兹比博士在艾奥瓦州立大学、俄亥俄州立大学和肯塔基大学的教学与研究获得了卓越认可。他是*Transportation Journal*的共同编辑，也是*Logistics Quarterly*杂志的联合执行编辑。他还是美国运输与物流协会、供应链领导者在行动（SCLA）以及CSCMP研究策略委员会的董事会成员，并且是Gartner 25强供应链、LQ可持续发展奖、SCLA业界卓越奖、CSCMP供应链创新奖和肯塔基大学企业可持续发展奖的评审人。他在北美、南美、欧洲、亚洲与非洲举办过多个讲习班和多场研讨会。

迪帕克·延加（Deepak Iyengar）博士在马里兰大学帕克分校获得了物流和供应链管理领域的博士学位。他的研究和教学领域包括供应链中的物流和可持续性。他目前是埃伦斯堡中央华盛顿大学供应链管理系的助理教授。延加博士在领先的供应链和物流期刊上发表过著作，例如*Journal of Business Logistic*、*International Journal of Physical Distribution & Logistics Management* 和 *Transportation Journal*。此外，他还通过精益六西格玛方法指导学生及各种第三方物流的项目。

沙尚·拉奥（ Shashank Rao ）博士是奥本大学供应链管理专业吉姆·汤普森（Jim W. Thompson）的助理教授。他拥有环境工程学士学位、市场营销工商管理硕士学位以及运营和供应链管理博士学位。除了学术训练，拉奥博士在银行和工程领域有多年的行业经验。他还曾担任制造商和零售商的顾问，负责处理订单履行和分销管理等问题。他的研究集中在零售、订单履行和物流客户服务等方面。他已在声誉卓著的学术和专业期刊上发表了多篇文章，例如*Journal of Operations Management*、*Journal of Business Logistic*、*International Journal of Logistics Management*、*International Journal of Physical Distribution & Logistics Management*、*Industrial Management*、*Industrial Engineer* 等。他担任*Journal of Business Logistic*、*Journal of Supply Chain Management* 和*Journal of Operations Management* 的编辑审查委员会委员，以及*Journal of Organizational Computing and Electronic Commerce* 的副编辑。他经常在学术会议、高管培训研讨会和专业会议上演讲，还负责组织供应链技术（如 TMS、ERP 和路由系统）的操作培训。

推荐序一

从认识与操作两个层面去创新供应链

什么是供应链？根据 2012 年《物流术语》国家标准，“供应链是生产与流通过程中，为了将产品与服务交付给最终用户，由上游与下游企业共同建立的网链状组织”；在 2017 年国务院办公厅颁布的《关于积极推进供应链创新与应用的指导意见》中，“供应链是以客户需求为导向，以提高质量和效率为目标，以整合资源为手段，实现产品设计、采购、生产、销售、服务等全过程高效协同的组织形态”。这两种定义是一致的，从网链状组织到组织形态、商业模式和治理结构，定义有了提升。国外研究者对供应链的定义更多，但大同小异。

中国供应链的发展，我认为要从认识与操作两个层面去促进。毛主席在《实践论》中有一个精辟论断：“感觉只解决现象问题，理论才解决本质问题。”他还引用别人一段话：“理论若不和革命实践联系起来，就会变成无对象的理论，同样，实践若不以革命理论为指导，就会变成盲目的实践。”理论来于实践，又反作用于实践。不解决供应链的认识问题、理论问题，就会变成盲目的供应链实践。

对供应链的认识我认为主要是三个方面：一是供应链的本质是什么；二是供应链与物流是什么关系；三是供应链对推进国民经济发展以及经济全球化起什么作用。

帕拉格·康纳（Parag Khanna）在《超级版图》一书中有句名言："供应链大战的目的不在于征服，而是要与世界上最重要的原材料、高科技和新兴市场建立起物理与经济上的联系。21 世纪，谁统治了供应链，谁就统治了世界。" 2012 年，美国政府签发了《美国全球供应链国家安全战略》，把供应链上升为国家战略。2020 年，新冠肺炎疫情在全球蔓延，对世界经济发展造成巨大冲击，习总书记说："确保全球供应链开放、稳定、安全。"这些充分体现了供应链的地位与作用，这种体现企业、产业、城市、区域与国家竞争力的软实力无可替代。

如果说 2005 年美国物流管理协会（Council of Logistics Management，CLM）更名为供应链管理专业协会（Council of Supply Chain Management Professionals，CSCMP），标志着全球进入供应链管理时代，那么 2017 年国务院办公厅颁布的《关于积极推进供应链创新与应用的指导意见》，标志着中国进入了现代供应链新阶段。

2018 年，《财富》（*Fortune*）杂志公布的世界 500 强企业中，前 25 位有 5 家中国企业，前 100 位有 22 家中国企业。但由高德纳（Gartner）公司每年公布的全球供应链 25 强企业中，中国没有一家；在 100 强的排名中，中国企业只有 3 家，即联想（第 26 位）、华为（第 35 位）、海尔（第 41 位）。在供应链管理领域，中国还有很大的进步空间，我们刚刚起步，必须奋起直追。

追赶需要落实、需要创新，实践就要提上议事日程。从国家层面，

266 家供应链试点企业、55 座试点城市以及多个产业部门进行了积极的探索，取得了阶段性成果。从市场层面，许多企业从实际出发，推进供应链的应用与创新，总结了不少典型模型。但从总体上讲，一些企业没有“上道”，过于浮躁，缺乏总体设想，片面地追求不切实际的目标。

供应链管理的理想模式是生产企业和物流企业形成长期、稳定的供应链伙伴关系，企业将物流作为生产能力的一部分。从原材料采购、生产制造、成本控制、交付到维修回收，企业采用一体化的供应链管理流程。标准的流程才可能降低总体供应链管理成本，提高投资回报率。目前国际上主流的供应链管理流程有 SCOR 模型、CSCMP 流程标准与全球供应链论坛提供的供应链流程。

CSCMP 作为全世界公认的物流和供应链领域权威的专业协会之一，提出了《供应链管理流程标准》第 1 版和第 2 版，将供应链流程划分为计划、采购、制造、交付和回收 5 个基本结构。在 5 个基本结构的基础上，增加了一个执行的流程，总共 6 个部分。每个主要流程都包括了很多次级流程。

由人民邮电出版社出版的供应链系列图书，充分体现了这个标准流程的 6 个部分。这套丛书是国际供应链专家的经验之作，代表了当代供应链理论与实操的较高水平，对提升中国企业供应链管理水平将起到很好的作用。我们要特别感谢 CSCMP 中国圆桌会协助引进这套教材，要感谢所有参与翻译、审校的各位专家，他们付出了大量的心血。

中国经济正处于转型发展阶段，而企业是国民经济的“细胞”。没有企业的转型发展，特别是制造业的转型发展，就没有国家的转型发展。

打造一个开放、稳定、高效、绿色、安全的弹性供应链，关系到国家的安全。

丁俊发

中国知名流通经济学家、资深物流与供应链专家

享受国务院特殊津贴

推荐序二

时代变革与供应链管理者的使命

从电商到新零售，从贸易摩擦到抗击新冠疫情，供应链管理正在走向舞台的中央——供应链管理者的角色与使命从来没有像今天这么重要。当供应链管理上升为国家战略，当供应链管理成为新的职业，供应链管理者的时代已经来临。

如何成为好的供应链管理者？如何找到最佳的知识源泉？哪一种知识体系最权威？你选择的路径决定你的出路——你不能走错路重来，否则那时候你会发现已经远远地落在别人后面了。CSCMP 参与组织引进的这套书，为你指引了方向。

过去 20 多年的时间里，我所做的一项重要工作，就是引入美国的供应链内容资源与知识体系。

几年前，我也曾在国内高校供应链课程建设研讨会上讲述美国的物流与供应链教育。

从 2000 年起，我坚持每年去美国参加全球物流年会。2005 年，美国的物流管理协会更名为供应链管理专业人员协会（简称“供应链管理专业协会”），标志着全球物流进入供应链时代。这件事大家可能已经听过很多次了。2004 年 9 月 24 日在北京举办的第五届中国国际物流高峰会上，我发表了“时代变革与物流的使命”主题演讲，在今天看来，我当年的观点仍然不过时。

2004 年发表演讲时，我已经知道 2005 年美国物流管理协会要更名。2005 年的全球物流年会在美国加州的圣迭戈举办，主题为“追赶供应链浪潮”，讨论的核心是物流全面拓展到供应链管理领域。之后的事情可能大家都知道了。2006 年，CSCMP 推出《供应链管理流程标准》，2007 年清华大学出版社出版了由我牵头翻译、校对的中文版。到撰写这篇推荐序时，《供应链管理流程标准》第 2 版的中文版也即将付印出版了。这两版流程标准，成为供应链管理知识体系的核心。

中国进入供应链时代，是以 2017 年国务院办公厅颁布的《关于积极推进供应链创新与应用的指导意见》为标志的，这说明供应链已上升为国家战略。国家对供应链这一领域越来越重视，至今相继颁布了相应的文件来促进中国供应链快速发展，以达到国际水准。

任何行业的发展，都需要具有专业知识和技能的人来推动。2019 年 9 月 23 日，在美国洛杉矶安纳海姆举办的全球供应链峰会上，会长兼首席执行官瑞克·布拉斯根（Rick Blasgen）在开幕式上说，美国供应链就业人数 4,400 万人，占整个就业人口的 37%。可见供应链对整个美国经济的重要性。

在供应链上升为中国国家战略之后，供应链人才的供给已经远远跟不上需求的步伐了，供应链人才培养的问题也提上了日程。2020 年 2 月 25 日，人力资源和社会保障部、国家市场监督管理总局、国家统计局联合向社会发布了 16 个新职业，其中就包括供应链管理师这一职业。

无论你是现在准备进入供应链领域，还是已经在供应链某一垂直领域的岗位上，都需要选择一个合理的路径，采用科学的方法学习和进行职业训练，使自己能够快速地在供应链领域中成长，迅速达到国家职业标准，同时还要争取成为国际化的供应链管理者。

要成为国际化的供应链管理者，就要获得国际化的知识资源。一个人成功的速度，取决于学习的能力和速度。在知识爆炸的时代，在数字化时代，计算机这种“超级大脑”一秒钟就可以读几百万本书。但是，个人却不能快速地把需要的知识转化为自己的本领。所以，选择知识体系很重要。

今天，CSCMP 确实已经成为全球物流和供应链领域最有影响力的组织之一。该协会是全球供应链思想领袖汇聚的平台，处于定义产业、引领方向的地位。从协会给专业人员提供的支持和服务来看，CSCMP 的宗旨说明了一切：教育和连接全世界供应链管理者。《供应链管理流程标准》给出了包括计划、采购、制造、交付、回收（退货）、执行在内的 6 个部分的标准架构，但没有涉及各个部分的深入分析。人民邮电出版社出版的这套供应链丛书，覆盖了供应链管理中计划、采购、生产、运输等核心流程模块，也包含了丰富的全球企业案例，保证了内容的全面性和专业性。这套丛书，是美国注册供应链管理师 SCPro 项目配套的教材。这套丛书的引进，为中国的供应链管理者掌握国际化的知识体系提供了权威的工具。

CSCMP 会长兼首席执行官瑞克·布拉斯根在 2005 年就曾说过：“这是一个成为供应链管理者的伟大时代。”

当你立志成为一个供应链管理者，那剩下的事就是如何发展你的事业，绽放你的人生。

知识获取需要平台，事业的发展也需要平台。CSCMP 实际上就是我获益最多的知识获取平台和事业发展平台。CSCMP 在全球 75 个国家和地区拥有 105 个圆桌分会，由 8,500 多名物流与供应链领域专业人员构成，其最具有代表性的活动是每年举办的全球峰会。峰会每年都有三四千名来自全球的物流与供应链领域的专家、学者以及企业高管参加，他们齐聚一堂，探讨和交流供应链前沿趋势。CSCMP 是知识源泉，也是信息源泉。CSCMP 的专业资讯平台包括供应链管理通信、供应链实时热点、物流年报、美国商业物流杂志等。我在自学的同时也会参加行业活动，包括沙龙、培训以及会议等，这样不仅可以提升我的人际交往能力和沟通能力，同时还可以拓展我的职业网络。

万丈高楼平地起，要想攀升到事业的巅峰，我们需要找到事业发展的阶梯。我希望这套丛书能给大家提供好的内容资源，且每个供应链管理者也都能利用好协会这个宝贵的资源平台。

人生路漫漫，通向成功的路不止一条。外国人说，条条大路通罗马；中国人说，条条大路通北京。成为供应链管理师的路可能不止一条。我相信知识溢出效应，在前人的基础上前行，总能加快我们的学习速度，提升我们的学习效率。

王国文 博士

中国（深圳）综合开发研究院物流与供应链管理研究所所长

CSCMP 中国首席代表

推荐语

在规定的时间、地点，交给客户规定质量和价格的产品，是供应链管理的重要目标，其中物流与运输发挥着重要作用，如在飞机研制初期就需要研究制定运输方案，明确如何将全球采购的产品运输到主制造商。这本书对运输基础知识、运输网络设计与管理、相关运输技术、全球运输等方面进行了详细介绍，具有很高的参考价值。

曾江辉

中国航空综合技术研究所研究员

中国供应链的发展正处于从“自发”走向“自觉”的阶段，从业者急需一套与实践紧密结合的系统性理论指导体系。CSCMP 基础级注册供应链管理师指定教材，构建了供应链管理的底层知识结构和方法，能够帮助从业人员有效搭建全局性供应链知识应用框架，非常值得阅读和学习。

秦璐

北京交通大学物流工程系副主任

中物协（北京）物流工程设计院副院长

物流是全球化寻源和供应链管理中的一个至关重要的环节，它由一系列创造时间价值和空间价值的经济活动组成，涵盖了原材料、产成品及相关信息从起始点至终点有效流动的全过程。这本书从运输基础知识、运输管理、风险和不确定性这几个维度详述了物流运营管理的各个细节，实操性很强。

王保华

原芬兰 ElcoteQ 集团、原海尔集团副总裁

中国物流学会常务理事

这本书是美国供应链管理专业协会认证运输模块专业能力的指定图书，对物流尤其是运输领域进行了深入全面的理论阐述和实践分享。该书从运输规划、运输管理、运输优化、未来运输等角度，为读者展示了非常实用的认知框架，称得上是物流领域难得的经典好书。

潘永刚

罗戈研究院长

虽然供应链管理的范畴涵盖了物流管理，但是作为早于供应链管理出现的学科，物流管理无论从 Physical Distribution（传统物流）还是 Logistics（现代物流）的内涵角度，都强调了“实物流动”的核心；而只有针对实物流动流程进行优化，才能真正有效地提升供应链及价值链的竞争优势。

从现代供应链管理角度来讲，供应链的物流能力由物流要素能力与物流运作能力两个因素组成。本书正是从物流管理的起源、概念与应用展望的时间发展角度来深入剖析供应链管理与物流管理的逻辑结构与业务关联。通过运输这一直观的实物流动环节分析现代供应链管理中的大系统物流，包括核心企业物流、物流资源配置、企业之间的协同机制与信息共享等多个知识点，对于研究供应链管理以及物流管理领域的读者有着极强的导向和启发作用。

吴菁芃 博士

北京科技大学物流研究所研究员

中国仓储与配送协会特聘专家

目录

第一部分

运输基础知识

第二部分

运输管理

05 运输管理概述

06 运输技术

07 运输在物流和供应链战略中的作用

08 运输与全球供应链

致谢

| 第一部分 |

运输基础知识

本部分介绍运输的基础知识，包括运输方式、运输经济学和一系列不同形式的运输服务供应商。

“商业和经济领域的运输”关注运输在物流、供应链和较大经济体中的作用。

“运输方式”具体介绍 5 种运输方式——公路、铁路、水路、航空和管道运输，并比较其服务和成本特点，然后重点讲述如何通过多式联运将不同运输方式的优势结合起来。

“运输经济学”关注承运商的运输运营经济学，分析运营商的成本，研究服务定价对客户的影响。

“不同形式的运输服务商”关注全球服务领域中不同形式的运输服务提供商。

01

商业和经济领域的运输

运输是企业最重要的经济活动之一。将货物从产地转移至需求地是运输提供的基本服务，该服务可以将企业与其供应商、客户联系起来。运输是物流职能中的一项基本活动，有助于实现地点和时间的经济效用。地点效用（Place Utility）是指客户可以在需求地购买到可用的产品。时间效用（Time Utility）是指客户可以在需要时使用产品。运输专业人员与库存计划人员紧密合作，以确保无论客户在何时何地需要产品，企业都能提供。

企业无法为客户提供及时和精准的服务，这有时归咎于运输问题。延迟交货可能是出现服务问题和被投诉的原因。产品在运输过程中也可能被损坏，仓库工作人员可能在发货地点装载了错误的产品。这样的货物超时交付、损坏、短缺问题会使客户感到沮丧，导致客户不满，并使客户决定日后从竞争对手那里购买产品。

企业按时、完整且完好无损地交货，可以让客户满意并为企业赢得业务。当企业让客户满意时，客户就不会选择企业的竞争对手，这使得竞争对手很难通过促销活动和降价来抢夺业务。

除了服务方面的影响外，运输还可能为企业带来巨额成本。运输成本有时被用于判断客户交易为企业带来的是收益还是亏损，具体取决于为客户订单提供运输所需的费用。速度较快的运输方式通常比较慢的运输方式成本更高。例如，空运进行海外送货比船运要快得多，但其成本却高达船运的 20 倍。这样的成本差异可能无法证明使用更快的货物运输方式是合理的。因此，供应链经理在决定是否运输产品以及如何以最经济的方式运输产品时必须仔细考虑运输成本。

本书支持美国供应链管理专业协会（Council of Supply Chain Management Professionals，CSCMP）SCPro 1 级认证的运输管理模块的学习目标。具体的学习目标如下。

（1）描述运输管理的基本概念及其在满足需求中的重要作用。

（2）确定运输运营管理的要素和流程及其相互作用。

（3）确定制定高效、有用和可持续的运输运营的原则和策略。

（4）解释技术在运输运营管理和产品流程中的重要作用。

（5）确定在国家之间规划和运输货物的要求和挑战。

（6）讨论如何使用标准指标和框架评估运输运营的绩效。

全书共分为 3 部分。第一部分介绍运输运营的基础知识，包括运输方式、运输经济学和一系列运输服务供应商的概览。第二部分从客户角度看待运输，包括对设计物流网络、选择服务和评估绩效的见解。内容包括运输管理的重要方面：战略形成、技术部署和国际供应链运营。第三部分专门讨论当代物流问题，包括其可持续性，并对运输的未来做了展望。在书中，我们解释了一些术语和概念，理解这些术语和概念对于负责运输活动的供应链专业人员来说是至关重要的。在第 1 章中，我们将说明运输在物流职能、供应链和较大经济体中的作用。

运输与物流的区别

物流（Logistics）被定义为“供应链管理中计划、实施和控制货物、服务和相关信息从生产地到消费地的高效、有效的正向和反向流程和存储，以满足客户需求”。[1] 运输用流程（Flow）这个词来表示。运输提供了从供应链的生产地到目的地或使用地、消费地的库存流。大多数企业都要管理入库物流和出库物流。入库物流即从供应商处采购物料和货物，出库物流即将物料和货物配送到客户所在地。因此，运输在产品的入库和出库两方面都是必不可少的。

物流的定义不仅提到了货物、服务和相关信息的正向流程和存储，还提到了反向流程。

产品有时会进入反向流程。反向物流是指“物流在产品退回、源头减量、回收、材料替代、材料再利用、废物处理以及翻新、维修和再制造中的作用”。[1] 因此，运输不仅能将材料和产品交付给客户，还能将可重复使用和可回收的物料交给可以利用它们的企业。图 1–1 显示了物流的正向和反向流程。

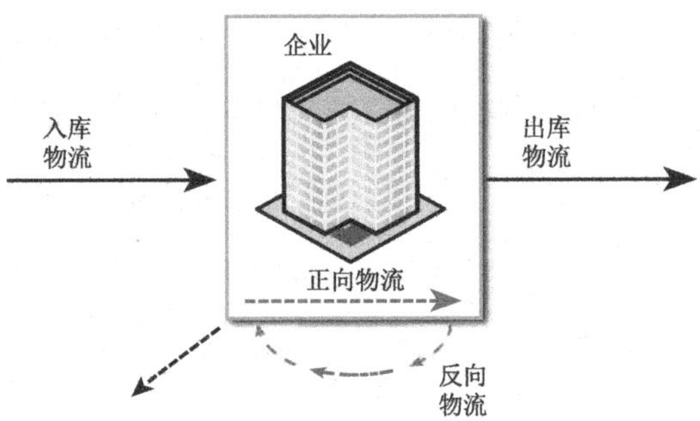

图 1–1　物流的正向和反向流程

1　定义由 CSCMP 提供。

运输只是一项通过入库和出库物流提供时间和地点效用的活动，而物流还涉及预测需求、计划库存以及存储和交付货物。优化物流绩效意味着这些活动紧密协作，从而使物流服务的客户对服务感到满意，同时将企业的成本降至最低。要获得最佳物流绩效，企业需要了解各种物流决策和行动对客户的服务和总成本有什么影响。

例如，一家企业试图将其库存投资降至最低。该企业选择将所有库存保存在一个中央仓库中，因为事实证明合并库存能减少库存投资。由于企业仅维护一个而不是多个地点的仓库，因此仓储成本也将降至最低。靠近中央仓库的客户会对这个决定感到满意，因为企业在很短的时间内就能将物品交付给附近的客户。但是，离中央仓库较远的客户可能会感到失望。他们将要求速度更快的运输以缩短订单交货时间。这可能涉及使用速度更快的货物运输方式，如前所述，这种方式往往会比使用慢速运输方式花费更多。总而言之，将库存保存在一个中央位置可能会减少库存和仓储成本，但会增加运输成本。该企业还可能面临失去业务资源的风险，因为竞争对手可以提供更短和更可靠的订单交货时间。

寻求最小化运输成本的供应链策略可能不是企业的最佳解决方案。这可能需要使用慢速运输方式向客户大批量发货。要求大量订货和使用慢速运输方式是使客户失望的两种方式，这可能会使企业输给竞争对手。因此，尽管运输成本通常对于企业来说是一笔不小的支出，并且往往是物流中的最大支出，但是供应链经理必须考虑各种物流活动和成本之间的相互关系。权衡取舍通常与这些决策相关，并且企业的客户也会受到影响。认识运输、库存、仓储、信息交换和客户服务之间的相互关系是系统方法（Systems Approach）[1] 的体现。供应链经理寻求的应该是优化物流系统的性能，而不是优化物流系统中的单个要素。因此，本书将运输视为物流系统的一个重要组成部分。

运输对供应链的影响

在供应链这个系统中也需要认识活动和成本之间的权衡取舍和相互关系。供应链是共同为终端用户和消费者提供商品或服务的企业之间的网络。大多数企业在供应链中运作，依靠供应商和客户等第三方帮助他们进入终端用户市场。[2] 换句话说，大多数企业并不完全拥有其供应链。[3]

供应链管理包括寻找资源、采购、周转和物流管理等所有活动的计划和管理。它还包括与渠道合作伙伴的协调和协作，渠道合作伙伴可以是供应商、中介、第三方服务提供商或客户。供应链管理整合了企业内部和企业之间的供需管理。[4] 因此，管理供应链意味着管理核心企业及其外部供应链合作伙伴（包括客户和供应商）之间的业务关系。[2]

如图 1-2 所示，运输代表了供应链中各企业之间的物理联系。供应链网络中的位置称为节点，而连接称为链接。当一个实体向另一个实体

1　有关物流总成本计算以及物流活动和成本之间权衡取舍的处理方式，请参阅：Lambert Douglas M.，James F. Robeson, James R. Stock. An Appraisal of the Integrated Physical Distribution Management Concept[J]. *International Journal of Physical Distribution & Logistics Management*, 1978,9（1）: 74 - 88.

2　终端用户可能是消费者、企业、政府实体或非营利组织。这代表使用供应链的产品或服务的是处在供应链末端的个人或组织。

3　确实存在例外情况。例如，特大型的石油和天然气公司通常拥有供应来源、将原油加工成成品油和汽油的加工渠道以及零售加油站的分销渠道。

4　定义由 CSCMP 提供。

出售产品时，运输提供交货服务。供应公司的外向交货是客户的内向收货。当供应链中的某一环节出现延迟和问题时，将影响供应链下游成员为客户提供服务的能力。因此，当运输中断时，更大的经济体会受到影响。造成中断的潜在原因包括设备故障、自然灾害、恶劣天气、停工以及政府干预。下一节将讨论运输在较大经济体中的作用。

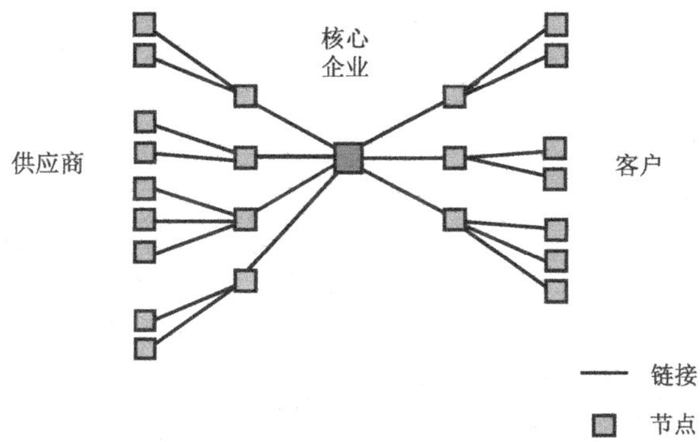

图 1-2　供应链中的链接和节点

运输对经济的影响

货运业务是企业的一项主要支出活动，对产品在供应链中的流通至关重要。总体而言，运输是每个发达经济体的重要产业。每年，CSCMP 都会在美国进行物流成本分析。表 1-1 列出了 2012 年美国各项物流活动的支出。在 1.332 万亿美元的总金额中，约有 8,360 亿美元（占物流总成本的 62.8%）用于运输。这一金额大大超过了专门用于其他物流活动的费用。物流成本占美国国内生产总值（Gross Domestic Product，GDP）的 8.5%，仅运输成本一项就占美国 GDP 的 5.4%。换句话说，在美国每花费 1 美元，便有超过 5 美分用于运输。欧洲国家的物流总成本在 12%左右。在欠发达国家中，GDP 中用于运输的份额可能更大，因为在基础设施缺乏或维护不足的情况下，运输产品的成本更高。

表 1–1　2012 年美国物流成本

成本类别	十亿（美元）	占总数的百分比（%）
库存持有成本	305	22.9
运输成本	836	62.8
仓储成本	130	9.8
托运商相关成本	10	0.7
物流行政管理成本	51	3.8
物流总成本	**1,332**	**100**

来源：罗莎琳·威尔逊（Rosalyn Wilson）（2013），第 24 届年度物流状况报告：这是新常态吗？

企业在一个国家内运输货物的难易程度会影响其在全球贸易中的竞争力。当货物运输容易且成本相对较低时，出口商可以有效地将其商品运输到出口地点并运往国际市场。伊利诺伊州、印第安纳州、艾奥瓦州、内布拉斯加州和俄亥俄州等美国中部各州的农民就是如此。这些州的农民与阿根廷潘帕斯地区的农民竞争，在国外市场上出售谷物，如玉米和大豆。阿根廷的种植条件被认为比美国的种植条件有利，这使阿根廷农民能够获得更高的产量并享受更低的生产成本。但是，通过高效的美国铁路和内河驳船使谷物到达出口港口，美国农民可以节省运输时间和运输费用，这可以抵消阿根廷农民在生产收益和成本方面的固有优势。在一段距离内运输产品越困难，距离摩擦力（Friction of Distance）就越大。距离摩擦力越大，成本就越高。在谷物运输这个例子中，阿根廷农民在将谷物从农场运输到布宜诺斯艾利斯的出口港口时面临更大的距离摩擦力（以及更高的成本）。尽管距离较远，但美国农民面临的距离摩擦力较小，他们可以通过铁路和驳船有效地运输谷物。

表 1–2 展示了美国运输基础设施的统计信息。美国拥有超过 400 万英里（1 英里 =1609.344 米）的公共道路，足以绕地球 157 圈。实际上，美国的每个企业和家庭都可享受由便捷的道路交通带来的好处。州际高速公路系统（最初称为州际公路和国防公路国家系统）可为美国几乎每个大中型城市提供有效的连接。支持高速运输的网络包括 5,000 多个公共机场、14,339 个私人机场和 271 个军事机场。货运铁路运输超过 161,000 英里，其中大部分由主要的 I 类铁路运营商运营。美国大陆还拥有各种形式的通航水道，包括河流、五大湖和 3 个海岸的远洋运输。管道是一种经常被忽视的运输方式，但它在美国全国范围内远距离配送大量的流体材料（气体和液体）。总之，这种广泛的运输网络支持着美国境内企业和消费者之间的贸易，也支持着这些企业与国外企业进行进出口活动。

表 1–2 美国运输基础设施

公共道路里程（英里）	4,059,339
州际公路系统里程	47,011
国家公路系统里程	117,084
其他道路里程	3,895,244
公共机场数量（个）	5,172
铁路里程（英里）	161,195
通航水道里程（英里）	25,320
商业海洋设施数量（个）	5,588
管道里程（英里）	1,735,237
危险液体管道里程	177,631
气体传输与聚集里程	324,606
气体配送里程	1,233,000

来源：《2013 年口袋交通指南》，美国交通部运输统计局，该指南由各种来源材料汇编而成。

一个强有力的论点是，一个国家的经济健康状况与运输基础设施的完备情况息息相关。这两个方面是相辅相成的。一方面，完备的基础设施能支持经济增长；另一方面，强大的经济实力能支持基础设施投资。一个现代的案例研究说明了过去 20 年来中国的基础设施建设与经济增长之间的紧密联系。

运输不仅将人与地方联系起来，还为许多人提供就业机会，促进了经济发展。表 1-3 列出了 2011 年美国交通运输相关就业人数的数据。提供出租运输和仓储服务的人数接近 430 万，仅卡车运输行业就雇用了近 130 万人。另外有 540 多万人受雇于与运输有关的服务和建设行业。在美国，有将近 170 万人受雇于运输设备的生产行业。总体而言，与运输相关的私营行业共有 1,140 万个工作岗位，几乎占美国劳动力总数的 9%。

表 1-3　2011 年美国交通运输相关就业人数

单位：千人

出租运输和仓储	4,292
航空	456
水路	63
铁路	229
过境/地面客运	436
管道	43
卡车运输	1,299
支持活动	564
风景/观光交通	29
快递	529
仓储	646
相关服务和建设	5,405
运输设备的生产行业	1,684

来源：《2013 年口袋交通指南》，美国运输部运输统计局研究与创新技术管理局，华盛顿特区。

运输和物流被视为“衍生市场”活动，即对运输和物流服务的需求源自经济中对其他商品和服务的需求。当制造商从遥远的地点寻求供应时，就需要运输。同样，当消费者对在其他地方生产的商品有需求时，就需要运输。所以运输需求紧跟某地区的经济活动。因此，经济学家和市场分析家密切关注着运输出货量数据——它们准确、及时地反映了一个国家或地区的经济活力。铁路和卡车运输量反映了一个国家的经济活动状况，海洋和航空运输的统计数字表明了国家之间的贸易水平。

运输对社会、自然环境的影响

到目前为止，我们已经了解了通过促进商业流通和提供就业机会，运输为个人、企业和整个国家的经济健康做出贡献的多种方式。但是，运输还可以以其他深刻的方式影响我们的生活。在某些方面，它可以挽救生命；而在另一些情况下，它则具有破坏性。在本节中，我们将探讨运输对社会和自然环境产生影响的几种不同的方式。

在紧急情况下要求人道主义救济时，运输对于救生任务至关重要。自然灾害就是这种紧急情况。

当地震、飓风、洪水或其他事件危及某个地区时，提供水、医疗设备、通信设备和能源是最紧迫的任务。近年来，许多救灾组织采用了先进的运输方式，以确保无论在何时何地危机发生时都能向需要帮助的人提供关键资源。

运输对军事上的成功也起着至关重要的作用，其历史可以追溯到图特摩斯三世及其在公元前 15 世纪的传奇性征战，他使埃及变成了“超级大国”。现今同样的理论也成立。能否及时部署士兵、军备和物资常常被认为是影响军事活动和维和行动成败的因素。强大的军事机构的预算有很大一部分用于运送士兵和补给品。

运输活动也给社会带来了许多意想不到的结果。这是一项与人们的日常生活直接相关的活动。制造业是另一项主要的经济活动，但它在建筑物范围内进行，而运输活动范围更广。2011 年，在美国，车祸导致 32,000 多人死亡和 220 万人受伤，其中 1/10 是由于与大型卡车相撞造成的。[1] 幸运的是， 这些数字在过去几十年中呈稳定下降趋势。原因可能是乘用车安全性的极大提高、安全带的使用增加以及涉及酒驾事故的减少。不过，与 80,000 磅（1 磅≈ 0.454 千克）重的拖车共用道路和通过铁路与道路相交路口时仍然很危险。

运输也是经济中最大的能源消耗者，其能源消耗量轻松超过了制造业和消费者的家庭使用量。根据能源部的数据，美国运输系统每天消耗超过 1,300 万桶的石油。这也让运输成了温室气体的最大贡献者。在美国，运输业每年排放近 20 亿吨二氧化碳。对可持续性的日益关注正在改变许多企业选择运输产品的方式以及运输提供商自身的运营方式。运输业的碳足迹（估算的温室气体排放量）以及运输时间和成本已成为衡量运输绩效的关键指标。消费者对可持续的产品和更清洁的运输方式也有要求。自 2009 年以来，UPS 公司提供了碳中和服务：通过投资全球减碳项目来抵消与包裹运送相关的碳排放量。

最后，鉴于运输在经济活动中的重要作用，其也是恐怖主义活动的共

1 《2013 年口袋交通指南》，美国运输部运输统计局研究与创新技术管理局，华盛顿特区。

同目标，这点也要充分考虑。

美国运输安全管理局（Transportation Security Administration，TSA）的成立，充分表明了人们对运输活动的安全性的高度关注。迄今为止，尽管对货运已进行了更严格的监管并对货物进行了严格检查，但关注重点仍在乘客安全上。预计未来这种趋势将一直持续。

小结

本章观察结果说明了运输通过多种方式影响着我们的生活。优质的运输是经济发展的主要贡献者， 也是企业的竞争力。运输将企业与供应链合作伙伴（如供应商和客户）联系起来。此外，运输服务的优劣会对企业的客户满意度造成重大影响。

本章的主要内容如下。

（1）运输有助于实现地点和时间的经济效用。

（2）运输决策的成本和服务必须与库存、仓储、订单处理、信息和客户服务策略的投入相平衡，以尽可能低的成本为客户提供服务。

（3）运输提供了连接供应链网络中各个节点的链接，从而将核心企业与其供应商和客户连接在一起。

（4）运输是影响一个国家经济的主要因素。运输系统越有效，进行贸易就越容易。

（5）尽管运输在任何经济体中都是必不可少的活动，但它对社会构成了多种威胁，包括意外伤害和死亡、温室气体排放、环境影响和恐怖活动的风险。

参考文献

[1]James R. Stock （1998）. *Development and Implementation of Reverse Logistics Programs* [J].Council of Logistics Management （CLM）, Oak Brook, IL.

[2]Martha C. Cooper, Douglas M. Lambert and Janus D. Pagh. Supply Chain Management: More Than a New Name for Logistics [J]. *International Journal of Logistics Management*，1997,8 （1）: 1 - 14.

02

运输方式

弄清楚如何运输货物是企业最基本的商业决策之一。在某些情况下，产品的运输方式由于可用性或运输必须经过的地理条件而受到限制。例如，卡车和铁路的运输主要在陆地上，船舶需要通航水道，航空运输需要起飞 / 着陆带。若有多个选项， 物流经理必须评估与可选项相关的服务属性和成本。

本章将具体介绍 5 种运输方式——公路、铁路、水路、航空和管道运输，并比较它们的服务和成本特点，然后重点讲述如何通过多式联运将不同运输方式的优势结合起来。

运输方式概述

第 1 章指出，2012 年美国在运输上约花费了 8,360 亿美元。图 2-1 说明了该总额的各种运输方式份额。运输方式份额是指该运输方式的市场份额，以该方式运营的承运商所获得的总收入来衡量。很明显，卡车（公路）运输占了主要份额，77% 的收入流向这种方式。公路运输可以轻松地收集和运送货物，这在很大程度上说明了卡车运输的成功。同时，就货物类型和可运载量而言，这种方式也是相对快速、可靠和灵活的。铁路运输占收入份额的 9%，排在第二位，与第一位有很大差距。美国的铁路系统有 161,000 多英里的轨道，很发达且具有竞争力。同样，航空、水路、管道和货运代理的方式[1]在美国分布很广泛并能提供全面的服务。简而言之，大多数货物在配送的某个时刻都是通过卡车运输的。

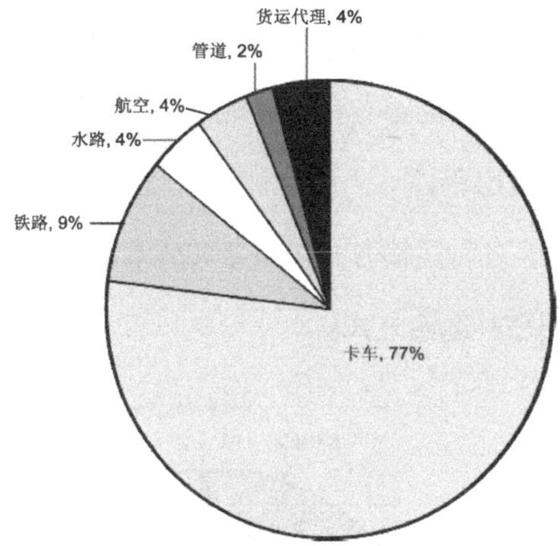

来源：罗莎琳·威尔逊（Rosalyn Wilson）（2013），第 24 届年度物流状况报告：这是新常态吗？

图 2-1 美国国内运输方式份额（收入）

但是，以不同的衡量方式看待运输方式份额时，我们会看到不同的结果。运输中使用的常规度量单位是吨英里，这是将 1 吨移动 1 英里的组合度量。图 2-2 显示，尽管美国国内在很大程度上依靠卡车运输货物，但也广泛使用了其他几种方式。值得注意的是，在比较吨英里数时，铁路运输仅略微超过卡车运输。这难以想象？铁路运输被公认在长途运输大量货物时极为高效。大批量和长距离的组合使铁路的吨英里数超过了卡车完成的高频运输，而卡车的高频运输的平均运载量要小得多，距离也更短。管道运输是另一种适用于长途移动大量货物的方式。虽然按收

1 术语“货运代理”是指跨运输方式的运输服务提供商。

入计算，管道仅占运输市场的 2%（见图 2-1），但它可承载 15%的吨英里数。多式联运是指为满足运输需求的不同运输方式的组合，占总吨英里份额的 11%。水路运输在收入中所占的比例是 4%，在吨英里数中所占的比例也是 4%。航空运输在以吨英里为单位的国内运输方式份额中所占份额很小。作为一种能够非常迅速地完成长途运输的优质运输方式，它在国际运输中表现出色。

当进行比较时，各种运输方式在服务和成本特点方面存在明显差异。接下来将详细介绍每种运输方式。

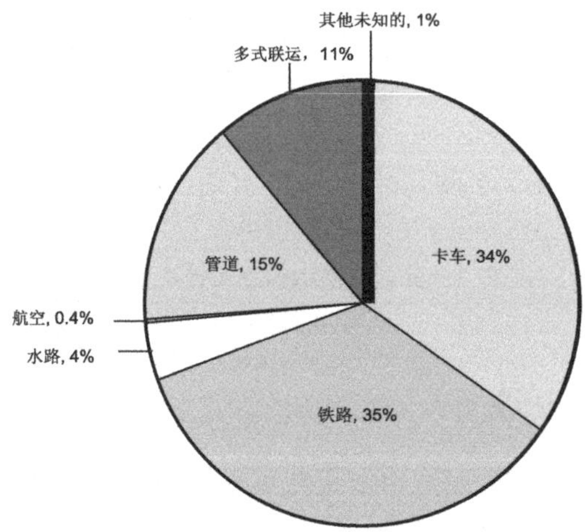

图 2-2 美国国内运输方式份额（吨英里数）

来源：美国交通部运输统计局商品流调查数据（2009）。

5 种基本的运输方式

根据当前的商业情况，运输分为 5 种不同的方式。

公路运输

在大多数情况下，公路（或汽车）运输是最常见的运输方式。由于城镇之间有广泛的公路网络和连通性，在陆地上的大部分情况下都可以通过某种汽车运输方式从生产地到达目的地。汽车运输包括各种公路运输方式，如卡车、货车、小汽车或摩托车。卡车是把一个集装箱大小的货物运输到多个托盘上的主要工具。53 英尺（1 英尺 =0.3048 米）的拖车在许多情况下已经应用得很普遍，它可以容纳两排共 26 个托盘。如果可以将货物双层堆叠（将一个托盘放在另一个托盘上），则容量将增加一倍，达到 52 个托盘。这种拖车的载重在 45,000 磅左右。[1] 对于较小的负载或城市送货，较小的车辆（如厢式货车和货车）是首选，如图 2–3 所示。

图 2–3　用于城市配送的厢式货车

公路运输也是相对快速和可靠的货物运输方式。尽管公路运输不如航

1　在美国，联邦准则允许卡车和拖车的组合重量达 80,000 磅。卡车和空拖车的重量可达 36,000 磅，剩下约 44,000 磅的重量用于货运。个别州有更大或更小的重量限制，因为卡车安全问题是由州一级监管的。

空运输快，但公路运输比其他方式快。将货物从一个城市运到另一个城市时，卡车通常平均每小时（包括停靠时间）可以行驶约 50 英里。这意味着在 10 小时的轮班中卡车一天可以行驶约 500 英里。一些企业正在采用可以极大地增加卡车行驶里程的策略。一种策略是使用“驾驶员团队”或一辆卡车配两名驾驶员，并让他们轮流驾驶。这种安排实际上可以使卡车的日行驶里程增加一倍。另一种策略是设计中继网络，驾驶员在一个班次中行驶 500 英里后，将卡车或拖车交给另一名驾驶员，然后该驾驶员继续将货物运往目的地。尽管这些策略有助于增加行驶里程，但卡车运输的速度和可靠性正在面临挑战，尤其是城市中的公路交通拥堵正日益加剧。

除了方便和快捷之外，公路运输的普及还有其他原因。机动车辆的普及有助于公路运输的普及。例如，仅在美国就有 725,000 多个已经注册的汽车运输公司。在这样一个竞争激烈的市场中，货运公司都在极力竞争业务。[1] 在过去的 35 年中，由于管制放宽和市场自由的实行，货运市场的竞争更加激烈。

1980 年，美国通过《汽车运输监管改革和现代化法案》（Motor Carrier Regulatory Reform and Modernization Act），又称《汽车运输法案》（Motor Carrier Act 或 MCA-80），从此美国的州际货运业在经济竞争方面的管制大大放宽了。在该法案通过之前，美国州际商务委员会（Interstate Commerce Commission，ICC）对市场准入和定价事宜进行了规范。自

1 在谷歌上搜索“俄亥俄州卡车运输服务”得到了 214 万个结果（截至 2013 年 9 月 8 日）。尽管在俄亥俄州市场提供服务的卡车运输公司的数量远远少于这个数字，但这说明了找到可用的卡车运输公司是多么容易。

1887 年制定《管制商业法》（Act to Regulate Commerce）以来，ICC 享有准立法权、行政权和司法权。换句话说，ICC 被认为是解决包括货运业在内的美国与地面运输相关的所有经济和竞争事务最有影响力的机构。MCA-80 取消了 ICC 大部分权力，承运商开始在市场自由环境中运营州际运输事务。值得注意的是，1994 年各州的 ICC 被剥夺权力后，州内货运（从同一州内的起点到目的地的运输）不再受各个州及其机动车费率局的监管。[1]

尽管 MCA-80 法规仅适用于美国境内的货运业务，但其他国家也纷纷效仿，出台了放宽货运和运输市场竞争管制的政策。美国 MCA-80 的出台，使货运市场竞争加剧，许多承运商申请破产并关闭，但由于准入壁垒大大降低，许多新企业也进入了货运市场。此外，MCA-80 还营造了一种能够促进服务产品创造力的创新氛围，该氛围在严格的监管环境中是缺乏的。放宽管制让服务更具差异化并使价格具有竞争力，这对托运商有极大好处。托运商与承运商之间更紧密的合作催生了一些策略，这些策略使物流成本降低并使托运商能更好地利用承运商的能力。实际上，许多托运商确定在开放市场上可以以更具有竞争力的价格购买更好的服务时，会停止使用私人车队（自有和自运营的卡车车队）。其他国家 / 地区的托运商看到美国企业所享有的好处后，也推动了本国运输市场更大程度的自由化。这种趋势一直持续到今天。

货运市场主要分为 3 个部分，包括基于载重（LTL 和 TL）、地理覆盖范围（区域、国家和国际）和设备（干货车、冷藏、平板、储罐和专

1 各州对安全和社会问题的管制，往往会影响汽车运输公司的经济活力。

用设备）的细分市场。

整车（Truck Load，TL）承运商是公路运输市场上最大的细分市场。顾名思义，TL 承运商专门为行业客户运输大批量货物。虽然 TL 承运商的确也承接较小的运载量，但它们通常将目标运载量范围定在 15,000 ~ 50,000 磅。TL 承运商专门提供上门服务，从始发地收取货物，直接运送到目的地，中间无须任何停靠点。这种 “一站式”服务对托运商具有吸引力，因为它减少了运输时间，并避免了重新装卸货物，从而降低了货物损坏的可能性。TL 承运商服务的地理区域越大，越有可能在多个站点位置配置房屋设备和车站驾驶员。许多大型的全国性承运商还维修用于服务的设施，设置多个站点维护其设备。除了这些集中的设施支出外，TL 业务的成本支出往往集中在卡车（也称为拖拉机或动力装置）和拖车上。每辆卡车都应配备一辆拖车，以确保有足够数量的拖车可为客户服务。但是对于大型 TL 企业来说，在其车队中为每辆卡车保留 3 ~ 4 个拖车并不罕见。当承运商提供“拖车”服务时尤其如此，这意味着承运商允许客户保留拖车一段时间，以装卸货物。

较大的承运商倾向于将更多的资本用于站点和设施维修，以及拥有较高的拖车 - 卡车比。但是，小型承运商有可能仅靠一辆卡车和一辆拖车就能生存。一辆新的 8 级重型卡车（车辆总重为 33,000 磅或更多）可能要花费 200,000 美元。但是二手设备的成本非常低，从而让规模较小的企业得以进入市场。因此，记录中的 700,000 多个已经注册的机动车承运商大多数是小型运营商，由一辆或几辆卡车组成一个车队。例如，北美的农民通常在冬季（农业业务淡季）的几个月里经营小型 TL 业务。这些承运商会在当季使用他们的车队为农场提供运输支持。

无论大小，任何 TL 运输企业生存的关键是最大限度地利用可用的设备和驾驶员的时间。这些企业试图最大限度地增加“收入里程”。当卡车没有装满货物时，它仍会产生所谓的“空车里程”的运营成本（如燃料、资产折旧和某些时候的驾驶员的工资）。因此，这些承运商不仅要在去程运输（从始发地到目的地的运输）中找到收入机会，还要在回程运输（从目的地回到始发地的运输）中找到收入机会。TL 市场的激烈竞争使服务价格中仅包含承运商的少量利润。单程运输和空车回程通常不足以支持 TL 业务的开展。

零担（Less-Than-Truckload，LTL）承运商专门处理较小的运载量，范围通常为 150 ~ 20,000 磅。TL 承运商的拖车通常专供客户进行从始发地到目的地的运输，而 LTL 承运商则在多个托运商共享拖车容量的前提下运营。在这种“共享容量”的前提下，LTL 承运商倾向于采用与 TL 货运截然不同的商业模式。如前所述，TL 承运商运营的站点用于配置驾驶员和设备；而 LTL 承运商则使用站点来收集和分类货物以及安置设备和驾驶员。

TL 承运商和 LTL 承运商之间的运营差异会影响其服务的成本和定价。TL 承运商在托运商（发货人）所在地收取货物，并将货物直接运送到客户（收货人）所在地。LTL 承运商不仅在托运商所在地收取货物，也在驾驶员指定路线上的遍布整个城市的多名托运商所在地收取货物。在多个托运商所在地收集货物后，卡车返回到取货站点，在这里与其他全天收集货物的卡车汇合，然后卡车卸货，并对货物进行分类，运输至普通城市或地区的货物将被装载到长途卡车上，以运输到交货站点。有时有必要将货物送至另一个中转站（杂货设施）进行进一步合并。

当货物到达交货站点时，将再次卸载，把货物分类并装载到由整个城市或地区的不同路线指定的送货卡车上。沿着这些路线，驾驶员完成了在客户所在地的交付。LTL 驾驶员通常不仅在这些路线上运送货物，而且还沿其路线收取货物。总体而言，LTL 运输通常至少需要一个晚上的时间来执行取货、收集分类、长途运输、交付分类和最终交付的任务。因此，与 TL 运输相比，LTL 运输通常需要更多的时间。

值得注意的是，大规模提供 LTL 服务需要大量的资本投资。站点和杂货设施增加了 LTL 运营商在该细分市场的运营费用。因此，与 TL 市场相比，LTL 市场的集中度往往要高得多，而享有较大市场份额的大型 LTL 承运商则更少。

这里考虑的第二个细分市场是基于地理覆盖范围的。一些承运商选择在区域范围内的较小市场中运营。其他则覆盖整个国家。还有一些企业提供跨越国界的卡车运输服务。在美国受管制的卡车运输业时代，承运商通常在一个州内专门提供服务。如今，很少有承运商在如此有限的基础上运营。相反，他们试图提供地理覆盖范围更广泛的市场服务。地区承运商通常也与其他地区承运商保持联系，以便他们可以向客户推销和销售更广泛的服务，从而使承运商可以与全国范围内的服务提供商竞争。这些区域间的业务通常是在区域承运商的互惠基础上进行的，各方寻求在各自对合并业务作出贡献的货运方面取得平衡。

国际货运也经常会有类似的策略。在这些情况下，专门在一个国家 / 地区提供一项服务的承运商将货物交给目的地国家 / 地区的合作伙伴企业。在多个国家 / 地区提供服务的单个承运商必须获得许可才能在各种情况下运营。但是，沿海法律是保护性的监管措施，限制了非本地提供商在外国可以提供的服务。北美自由贸易协定（North American Free Trade Agreement，NAFTA）旨在允许卡车运输企业在加拿大、美国和墨西哥的国界上更自由地运营，不过这些规定尚未完全得到遵守。欧盟允许卡车在其成员国中更自由地运输。

第三个细分市场是基于设备的。在 TL 和 LTL 服务中经常使用的拖车是普通集装箱拖车。该拖车采用传统的封闭式“盒子”设计，没有制冷或环境控制功能。具备温度控制功能的运输工具采用装有加热器或制冷设备的隔热拖车。食品通常在运输过程中需要冷藏或冷冻以保持产品完好。化学产品和先进技术产品有时也需要冷藏，以避免被暴露在高温下。大多具备温度控制功能的运输工具也提供普通集装箱服务。但是，很少有普通集装箱运输工具提供温度控制服务。

另一种常见的设备是平板拖车。露天平板设备通常用于运输工业设备和建筑材料（如木材、木料、钢和管道等），这些材料可以用皮带固定，几乎不需要自然环境的保护。料斗卡车通常是敞篷卡车和拖车，用于运输谷物（如玉米、大豆和小麦等）、建筑材料（如沙子和碎石等）和煤炭。油罐车用于运输液体材料（如水、油和玉米糖浆等）。承运商还可能专门从事家庭货物运输、自动运输、水泥或超重货物的运输。图 2–4 至图 2–7 展示了几种不同形式的设备。

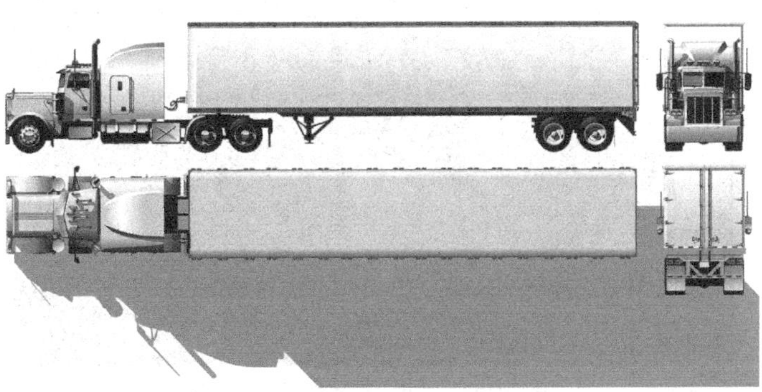

图 2–4　干货车拖车

图 2-5　油罐车拖车

图 2-6　平板拖车

图 2-7　带有自动搬运拖车的卡车

以上的讨论集中在工业（企业对企业）的公路运输方式上。消费者、家庭和小型企业也可以通过公路运输获得服务。然而，满足这些目的的公路运输涉及用于运输家具和家用电器的厢式卡车（即直式卡车或城市卡车）、用于运输鲜花和地毯的常规货车以及用于运输书籍和比萨的汽车，而不是大型卡车。摩托车和电动车可用于市区送货，因为它们可以快速驶过拥挤的街道。越野摩托车还可以为缺少良好道路的偏远地区提供关键物资。

公路运输中运输方式的多样性说明了企业和消费者对这种模式的依赖。在工业托运商中，卡车运输约占运输业的 85%。公路运输也是小型企业和消费者采用的主要运输方式。随着互联网零售的飞速发展，家庭送货的成功对于未来的业务发展而言至关重要。有关此主题的更多讨论，请参见第 10 章。

铁路运输

铁路运输是“地面”运输的另一种方式。铁路运输的优势在于可以有效地长途运输大量货物。一台典型的拖挂式卡车的最大载重量为 50,000 磅，但一辆铁路棚车的载重量大约是卡车载重量的 3 倍。此外，棚车通常组合起来形成火车，一般有 100 多辆棚车组合。这说明了火车运输货物的效率高。

铁路运输的基础设施不如公路网络那么广泛，这给铁路运输带来了挑战。美国拥有 400 多万英里的公路，但整个铁路网总里程仅仅略高于 161,000 英里。此外，自 1980 年（与 MCA-80 同年）铁路行业放宽管制以来，铁路网总英里数已大大下降。与州际公路运输类似，货运铁路行业受到

ICC 的严格监管近一个世纪。MCA-80 发布仅一个月后颁布的《斯塔格斯铁路法案》（Staggers Rail Act）允许铁路承运商更自由地做决策，这是通过更多的价格审查并减少对废弃铁路的审查实现的。也就是说，如果铁路运营商发现某段铁路没有利润，那么承运商可以选择关闭该段铁路。在《斯塔格斯铁路法案》规定之前，铁路承运商可以向 ICC 申请废弃铁路，但 ICC 可以在公共利益的考虑下强迫承运商继续提供服务。在《斯塔格斯铁路法案》出台后，ICC 的这种权力被大大削弱了，铁路运营商放弃了许多他们认为在经济效益上表现不佳的铁路网络。较小的本地或区域铁路运营商有时会购买废弃的线路。如今，在路径保护组织（Rails to Trails Conservancy）的作用下，许多无人认领的线路已转换为休闲自行车道。

铁路运输的作用从 150 年前已开始减弱，当时它已成为美国向西扩张的工具。在 1869 年 5 月 10 日的金穗仪式（Golden Spike Ceremony）上，中央铁路和联合太平洋铁路在犹他州的海角相交，这是美国历史上的一个重要里程碑，因为西部通过第一条横贯大陆的铁路与东部连接起来了。铁路业在 19 世纪后半叶和 20 世纪初蓬勃发展。实际上，美国的轨道里程数在 1916 年达到峰值，为 254,251 英里。随着人口不断增长，铁路在客运和货运方面发挥了重要作用。实际上，在铁路沿线和交叉口处形成了许多小城市。汽车的出现和发展大大降低了人们对铁路的依赖程度。随着公路网络的扩展以及汽车设计和性能的提高，客运和货运从铁路转移到了公路上。

与铁路相比，公路运输的一个优点是能够为陆地上的各个始发地到目的地提供上门服务。平均速度快和交付的可靠性是人们倾向于选择公路而不是铁路的两个性能标准。

如前所述，铁路公司试图把许多有轨车合并起来，以形成有效长途行驶的列车。将许多不同的托运商提供的有轨车合并成列车可能需要几天时间。一辆有轨车也可能会多次被合并到不同列车中，在到达目的地之前，在调车场停下来并从一辆列车转到另一辆列车。每次转移都会增加几天的时间。由于这些原因，铁路运输会比卡车运输花费更长的时间，完成运输所需的时间则变化更大。当企业雇用铁路承运商专门在始发地和目的地之间提供服务时，就会有上述情况的例外出现。大型托运商，例如煤炭公司、谷物行销商和汽车制造商，通常会组成专用列车或单元列车。当绕过调车场直接到达目的地时，平均运输速度会大大提高。

极为有效的货运方式需具备与火车较长的过境时间相抗衡的力量。如前所述，铁路运输在吨英里测量中所占份额较大，因为它旨在有效地长途运输大量货物，因此，铁路能蓬勃发展。美国一大型铁路公司测算，在 2010 年，它消耗了大约 4.9 亿加仑（1 加仑≈ 3.785 升）的燃料，而仅运输了 2,290 亿吨英里的货物，这大约相当于 467 吨英里 / 加仑燃料。相比之下，该公司声称卡车运输 19 吨货物行驶 500 英里需要 71 加仑的燃料，相当于 134 吨英里 / 加仑燃料。[1] 基于这些理由，铁路的燃油效率是卡车运输的 3.5 倍。与此相关的是，美国铁路协会（Association of American Railroad）估计，在运输的数量和距离相当时，火车的温室气体排放量比卡车少 75%。这些都是节能和可持续发展时代的重要发现。

在美国以外的地区，铁路运输在运输货物方面并没有那么突出。这种

1 来源：CSX 运输网站。

区别的出现有几个原因。一方面，在 19 世纪下半叶，铁路在美国西部大发展，这在建立贸易基地和新城市方面发挥了重要作用，由此所建立的贸易路线也使许多其他国家变得更加发达。另一方面，美国正在利用新兴的蒸汽动力机车促进列车的增长和发展。

此外，一些国家没有将重点放在货运上，而是将铁路用于客运，并经常大量补贴这些服务的建设和运营。客运列车往往只提供有限的货运服务，通常是邮件和包裹的运输。在一些欧洲和亚洲国家确实如此，在这些国家，高铁备受关注，因为其能以每小时 185 英里的速度将人们送至目的地。中国和韩国是目前两个仅有的商用轨道磁悬浮技术的国家。其他国家也正在开发这项技术，使列车能够在磁体上行驶，而不是使用传统的轨道和车轮行驶。

最后，铁路是一种适合 500 英里以上运输距离的运输方式。

这种长距离的运输将超出许多国家的国界，需要在各国之间进行协调以发挥铁路运输的潜力。然而，许多国家仍然对通过铁路跨越国界建立联系持谨慎态度。在广泛使用汽车之前，在铁路发展的繁荣时期尤其如此。从国际贸易的角度来看， 当时的各国比今天更加孤立。实际上，在铁路基础设施发达的国家，各国建造了不同规格（轨道宽度）的铁路线，使人员和货物从一国运输到另一国时必须进行实物转移。

中国和俄罗斯这两个幅员辽阔的国家与美国一起成为主要的货运铁路国家（见表 2-1）。与前三名相比，印度、加拿大和巴西的铁路使用率要低得多。但这并不意味着货运铁路在其任何运营环境下都是无足轻重的。例如，德国广泛使用铁路将货物从汉堡北部港口运输到南部目的地。在南美和中欧的几个国家也开始有私人投资发展铁路运输，这将刺激铁路的大量使用。

表 2-1 铁路货运量排名前十的国家（吨英里，十亿）

中国	1,830
美国	1,534
俄罗斯	1,249
印度	415
加拿大	201
巴西	166
乌克兰	135
哈萨克斯坦	122
南非	70
德国	66

来源：国际铁路联盟（International Union of Railways，UIC）统计数据库。

在许多情况下，修建铁路线的成本可能会高得令人望而却步。除了铁路线本身外， 运营商还必须购买修建铁路的土地。土地和基础设施的总成本通常超过 100 万美元 / 英里。若加上桥梁或其他基础设施，成本会大大增加。每年的维护费用估计为 30 万美元 / 英里。这些经济因素在许多方面对铁路的发展形成了挑战。

铁路运营商通过几种不同的设备为托运商提供服务。棚车是铁路运输包装货物的传统运输方式。

大多数通过铁路运输的货物并不装在托盘或箱子里。散装货物经常通过铁路运输。有些货物需要封好来保护它们免受风吹雨打；其他的货物（如煤炭和碎石）则不需要保护，可以使用敞篷车或平板车运输。带顶棚的漏斗车可散装运输 263,000 磅谷物。同时，罐车可运输多达 34,500 加仑的液体货物。图 2-8 至图 2-11 展示了各种铁路设备。

图 2-8　用于集装箱货运的铁路棚车

图 2-9　用于装谷物的带顶棚的小型漏斗车

图 2-10　装有木材的平板车

图 2-11 铁路罐车

美国的铁路服务市场是根据承运商的收入进行细分的。根据美国铁路协会的统计，运营收入为 3.788 亿美元的大型全国性铁路公司被列为 I 类运营商。在美国运营的 I 类铁路公司包括伯灵顿北方圣达菲铁路（Burlington Northern Santa Fe）、CSX 运输公司（CSX Transportation）、诺福克南方铁路（Norfolk Southern）、联合太平洋 - 南太平洋铁路（Union Pacific - Southern Pacific）、大干线公司（Grand Trunk Corporation）、堪萨斯城南方铁路（Kansas City Southern）和苏线（Soo Line）。这些公司使用的主要铁路实际上是由几条完全不同的铁路合并而成的。铁路行业经历了规模巨大的合并活动。例如，1995 年的伯灵顿北方铁路（Burlington Northern）和圣达菲铁路（Santa Fe）合并，以及 1996 年合并形成的联合太平洋 - 南太平洋铁路。此外，大干线公司是大干线西部铁路公司（Grand Trunk Western）、伊利诺伊中央铁路（Illinois Central）和威斯康星中央铁路（Wisconsin Central）合并而成的。近年来，由于美国司法部的严格审查，合并活动有所放缓。（尽管进行了合并，但美国没有一条铁路可以独立提供从海岸到海岸的服务。相反，西部和东部的铁路保持着联运协议和联盟，这使它们能够提供从海岸到海岸的连接。）

区域铁路的运营规模较小，它们的轨道长度至少有350英里，运营收入至少为4,000万美元。这些公司通常在一个州或几个邻近州内运营。收入低于4,000万美元的小型铁路被视为本地或“支线”铁路。由于《斯塔格斯铁路法案》放松管制，许多新的铁路公司诞生了，它们收购了许多大型承运商放弃的铁路线。还有一些铁路公司专门从事交换铁路和终端铁路运营。

对于大多数大型铁路运营商来说，其中一个不断增长的细分市场是多式联运市场。多式联运是指将两种或两种以上的运输方式结合起来进行的运输。标准的联运货物集装箱可以通过卡车、铁路或轮船运输。铁路是多式联运的一个常见组成部分，因为它通常能利用国际运输的便捷港口通道，而且在距离较长时可以非常高效地抵达目的地。各大铁路公司还与货运公司保持战略合作关系，以提供货车运输送货上门的便利。

越来越多的世界各地的铁路运输公司正在寻求能够提供更广泛的跨国界连接的部署。美国和加拿大拥有高水平的连接能力和广泛的互联网络，特别是加拿大太平洋铁路公司（Canadian Pacific）和加拿大国家铁路公司（Canadian National）分别持有美国承运商（分别为苏线和大干线）的大量股份。自1995年墨西哥铁路私有化以来，美国和墨西哥之间的铁路运输已显著增加，并在6个主要过境点运营。欧盟正在欧洲寻求类似的部署，以便在更大的市场中利用规模经济效益。

水路运输

在公海，水路运输也许是最明显的，因为在公海上，巨大的远洋船舶可以载着大量货物从一个海岸航行到另一个海岸。船舶运输占海外国际运输的 90% 以上。然而，水路运输也可以通过内陆的湖泊和河流进行。在通航水道内，一切运输工具都是运输的重要组成部分。与其他运输方式不同，水运的可行性在很大程度上取决于地理位置。换句话说，如果不在通航水道的始发地和目的地，那么使用水运的可能性很小。下面将介绍海洋和内陆水运。

海洋运输是最古老、最可靠的长途运输货物的方式之一。如果人们考虑的货物量是一艘大型船舶可以承载的，那么海洋运输也是最经济的一种方式。以 2013 年开始远洋航行的 3E 级集装箱船为例。这些船可容纳多达 18,000 个 20 英尺集装箱或 20 英尺当量单位（TEUs）。这些船长 1,312 英尺，空船重 55,000 吨。从产品的角度来看，一艘 3E 级船可以装载 1.82 亿台 iPad 或 1.11 亿双鞋子。[1] 全球最大的海运公司马士基（Maersk）订购了 20 艘这样的船用于欧亚航线，每艘船的价格为 1.85 亿美元。这与当年帆船在海风的力量下靠简单的指南针穿越大洋的时代大不相同了。

但是，轮船并不是最快的运输工具。远洋船只的航行速度在 10 ~ 26 节（1 节 =1.852 千米 / 小时）之间。越来越多的船只为了提高燃油效率而降低速度。“慢速航行”可以显著减少移动这些大型船只所需的能量。预计 3E 级船的平均速度为 16 节。对于海运货物来说，速度通常不是最重要的。相反，海洋运输的客户正在寻求尽可能低的价格和可预测的、可靠的交付。穿越大洋需要数周的时间，而托运商（运输的客户）担心会有变数，因为这会影响他们为客户提供服务的能力。

全球主要港口之间的定期航线均提供远洋班轮服务。大型集装箱运输企业在既定航线上运营多艘船，每周多次航行。预订是基于整箱货（Full Container Load，FCL）和拼箱货（Less than Container Load，LCL）的。拼箱货通常由经纪人和货运代理预订，他们将多个客户的货物合并成FCL。海运集装箱有5种不同的长度：20英尺、40英尺、45英尺、48英尺或53英尺，其中45英尺长的集装箱是国际标准（由国际标准化组织（International Organization for Standardization，ISO）制定）。标准集装箱的好处是能够将其堆叠在船上，并易于在船舶、铁路和卡车之间转移，便于多式联运。集装箱船约占世界海洋船队的13%。

除了集装箱船外，还有各种各样的其他船只经常跨越大洋。散货船运载各种各样的商品，包括谷物、煤、矿石等。散货船可以用多个货舱来运输单一的货物，也可以用多个货舱来运输不同的货物。同样，油轮也可以运输大量的石油、汽油和化学品等液体商品。散货船的航线基于贸易模式，即从采集地运送到需要进一步加工或消费的地点。客户可选择在承运商的既定航行范围内租用散货船或包租车辆。在全球商品材料的生产商和分销商中，私有制和包租相当普遍。散货船约占世界海洋运输船队的17%。

世界海洋船队由几种不同类型的船舶和运营商组成，其中包括载驳船（Lighter-Aboard-Ship，LASH）和滚装船（Roll-On/Roll-Off，RORO）。载驳船将无动力的驳船从一个内河港口运送到另一个内河港口。载驳船潜入水中，以便在恢复运输浮力之前装载驳船。重型载驳船用于移动大型基础设施，如石油钻塔。它们也曾被用来运输受损的船只。滚装船是为运输轮式车辆而设计的，它也因此得名。它们通常用于从制造国到进口国的汽车运输。世界各国的军队还利用滚装船运输轮式设备。客运轮船也经常运载私人车辆。

除海洋运输外，内陆水运输也是运输货物的重要方式。湖泊和河流运输可以连接重要的贸易城市，并为全球市场提供海洋运输的通道。然而，并不是所有的湖泊和河流都适用于商业运输。

在某些情况下，水道必须加宽、加深或变直，以使大型商用船舶具备实际的工业用途。在经济可行的情况下，政府通常会开发基础设施来克服这些内陆水运的障碍。疏浚是指通过挖掘河床或湖床来加深或拓宽河道，为船只航行提供更深的深度和更好的吃水条件。随着时间的推移，河流很容易积聚淤泥，这意味着需要经常对某些水道进行疏浚，以确保船只能够通行。

运营商还可以开发运河或沟渠，以在水道之间形成短距离连接。运河有时被称为人工水道，因为它涉及人为地改变景观以创造通航水道。运河已有数百年历史，其历史可追溯到古代的埃及和中国。许多运河需要水闸和水坝，这样船只才能安全地从高水位区域航行到低水位区域（反之亦然）。水闸就像一个容器，可以通过注水把船只提升到更高的水位，也可以通过排水把船只降低到一个低水位区域。

巴拿马运河的拓宽是现代基础设施的一项重大发展。巴拿马运河在太平洋和加勒比海之间提供了一条 48 英里长的捷径。2014 年，它迎来了它的运营 100 周年。

内河运输是由几个因素决定的。一条河的内陆河段是一个考虑因素。换句话说， 这条河是否提供了通往重要贸易地点的通道，无论是供应地还是需求地？如果是， 河的深度和宽度是否足以容纳船只？最后，这条水道支持哪类船只？有些河流只能支持小体积的单一的驳船。驳船是平底船，可能有也可能没有机动推进。非机动驳船依靠外部力量推进，如拖轮或拖船。小型运河驳船曾经是由马拉的。今天的河驳船长 195 英尺，载货量为 1,500 吨。液罐驳船的长度可达 300 英尺，可装载 100 万加仑的液体货物，如石油、化肥或其他化学品。

在较大的河流航道，如美国的密西西比河和俄亥俄河、英国的泰晤士河、德国的莱茵河，几个驳船可以连接起来，一同拖动。在密西西比河的下游，运营商可以将 30 艘驳船（宽 5 驳船，长 6 驳船）连接起来，一同拖动。这种多驳船拖曳的效率令人难以置信。图 2−12 展示了一艘多驳船拖船。鉴于单个驳船的可观容量，在一次运输中连接多个驳船则可容纳巨大的货量。图 2−13 展示了多驳船拖曳与其他传统运输方式的承载量的比较。但是，用驳船运输的速度并不是特别快。根据水流的速度，驳船通常以每小时 8 ~ 14 英里的速度顺流而下。逆流而上的速度要慢得多，为 4 ~ 6 英里 / 小时。

内河运输的效率支持了内陆水运是一种对环境友好的运输方式的观点。与其他内陆运输方式相比，运输相同体积的货物，它产生的碳氢化合物、一氧化碳和氮氧化物较少。例如，一艘驳船拖船移动 1 吨英里会产生大约 0.0009 磅的碳氢化合物，而一列火车产生的碳氢化合物为 0.0046 磅，卡车产生的碳氢化合物为 0.0063 磅，它们的排放量是驳船的 5 ~ 7 倍。[2] 即使有这些有利于环保的论点，我们也必须考虑基础设施建设对自然生态系统的潜在危害。疏浚是近年来受到严格审查的一项活动，大多数采用商业内河航运的发达国家都需要许可证才能进行河流开发。

图 2-12　一艘多驳船拖船

当量单位：

一艘驳船=15个巨型漏斗有轨车= 58个大型半挂式卡车

一艘能拖动15艘驳船的拖船= 2.25辆100节车厢的单元列车= 870辆大型半挂式卡车

当量长度：

一艘能拖动15艘驳船的拖船=0.25英里
2.25辆100节车厢的单元列车=2.75英里
870辆大型半挂式卡车=11.5英里(首尾相接)

图 2-13　驳船承载量与其他运输方式承载量的比较

来源：美国运输部。

内陆水运的另一种形式是由湖泊提供的。美国和加拿大共享的五大湖系统就是这样。五大湖（安大略湖、伊利湖、休伦湖、密歇根湖和苏必利尔湖）通过圣劳伦斯河与大西洋相连，为远洋船只提供了广阔的内陆水运通道以及与该地区的主要工业城市之间的连接。韦兰运河为安大略湖和伊利湖提供了一个重要的连接，尽管运河的水闸无法容纳大型货轮（被称为“湖人”），但它允许船只绕过尼亚加拉大瀑布。超过韦兰运河水闸 800 英尺容量的货轮穿梭于最西部 4 个湖泊的 63 个商业港口之间，这些商业港口主要位于明尼苏达州的德卢斯和纽约州的布法罗之间。这些船的长度可以达 1,000 英尺以上。这些船只主要从采矿点运送大量的铁矿石、石灰石、煤、沙子和沙砾等矿石到补给站和加工点。图 2-14 展示了一艘大型湖货船。

图 2-14　一艘大型湖货船

考虑到这些地区的北方气候，美国海岸警卫队在深秋和初冬期间会进行破冰作业，以保证船舶能在湖泊通航。然而，通常每年这些操作会因深冬的严寒中断 2 ~ 3 个月。严重的干旱也会使湖泊水位降低，导致夏季航行受限。

1920 年的《商船法》（Merchant Marine Act）（通常被称为《琼斯法》（Jones Act））是一部沿海航运条例，要求在美国始发地和目的地之间航行的船舶必须注册为美国承运商，运营美国制造的船舶，并雇用美国公民。虽然该法案最初旨在应用于沿海水运，但其规定也适用于美国的不同运输方式。

航空运输

航空运输是旅客常用的旅行方式。尽管有时人和货物会一起运输，但通过航空运输货物不太常见。也就是说，许多客运航空公司还设有货运部门，负责在排定的客运飞机下层货舱运载货物。例如，一架波音 777

飞机的上层舱位可载263名乘客，而下层舱位（或“腹部”）可载约9.5吨货物。在这些排定的客运线路上，邮件和其他形式的限时货运十分普遍。

有一些航空承运商专门从事货物运输，飞机全部用于货物运输。全货运承运商可以经营纯国内航线或国际航线。这些承运商专注于长途航线和主要贸易城市之间的航线。空运货物的价值通常相当高，平均价值估计接近每吨60,000美元。其中一个例子是把时间紧迫的时尚商品从中国香港地区运送到世界各地的零售中心。时尚商品对时间的敏感性通常要求它们尽快进入零售商店，以满足复杂的市场需求。

另一种形式的空运是由DHL、FedEx、TNT和UPS等综合运输公司提供的服务。这些承运商拥有庞大的国内和国际航线机群。他们还运营着分布广泛的地面运输网络，以多种模式无缝支持完整的上门服务。综合承运商仅限于少数拥有丰富资本资源、可以在地面和空中进行有效竞争的运营商。

货运飞机可能非常昂贵：一架新的波音777飞机的成本接近3亿美元。尽管飞机价格高昂，但与航空运营相关的固定成本仍可能低于铁路和管道等其他运输方式的固定成本。其中最大的区别在于，航空公司所需的基础设施包括起飞和降落设施以及追踪飞机的手段（这也很昂贵）。但是，通常许多不同的承运商会共享这些设施。很少有承运商有私人机场。此外，始发地和目的地之间的天空是免费的。而铁路和管道必须在始发地和目的地之间铺设基础设施，既要拥有土地，又要在建造后维护基础设施。

空运货物对运输过程的不平衡特别敏感。虽然大多数客运往往是双向的（人们通常会购买往返票），但大量货物是从制造中心流向市场的，流向相反方向的货运量往往要少得多。因此，航空承运商在头程或出境游期间提供的中转价格非常优惠，回程折扣很大，以吸引客流量。

管道运输

管道运输是最少见和最不为人知的运输方式之一。尽管很少见，但管道无处不在。对于长途运输大量流体材料的企业而言，管道可能是供应链运营中不可或缺的组成部分。卡车、火车、轮船和飞机在公众面前清晰可见，而管道通常建在人口稠密地区的地下，通常只有在偏远地区才在地上铺设管道。管道是运输原油、成品油、汽油和天然气的主要运输方式。

如第 1 章所述，美国拥有 170 多万英里的管道。其中 120 多万英里的管道用于运输天然气。其余的大部分管道用于运输原油和石油产品。就原油而言，被称为集油管线的管道在油田中收集原油。在集油站，大型管道将原油输送到炼油厂或加工厂，在那里石油被转化为燃料。然后，生产线将精炼后的产品分发到市场附近的仓库和主要客户处以进行最终分发。

许多国家的管道由政府拥有和管理。对于在能源供应市场拥有大量所有权的国家，这通常是一致的。然而，在美国和其他许多地方，管道所有权归私人企业所有。这些企业通常是市值为数十亿美元的能源和化工企业，可以为建设和维护管道提供大量投资。与铁路类似，管道运营商必须以土地征用权的形式寻求政府的支持，其中政府要求强制豁免私有财产，以确保该线路的通行权。土地征用权的规定是管道运营商在美国受到的为数不多的政府管制之一，因为这是唯一一种不从联邦政府获得任何直接补贴的方式。这种方式的独特之处在于，它由美国能源部下属的联邦能源监管委员会（Federal Energy Regulatory Commission）监管。美国国内地面运输的其他方式（州际卡车运输和铁路运输）由地面运输委员会（Surface Transportation Board）监管。

除了管道本身之外，管道公司还需要对泵站进行投资，泵站为管道中的流体材料提供了推进手段。大型泵站可能拥有自己的发电厂，特别是在偏远地区。一个 10 ~ 25 人的小团队可以运营一个标准的泵站，这使得长管道的人工成本极低。阿拉斯加管道从普拉德霍湾油田到阿拉斯加瓦尔迪兹，全长 800 英里，只需要 450 名工人运营。

管道通常被认为是极其可靠的运输工具，但是它的运输速度很慢。液体产品通常以每小时 3 ~ 5 英里的速度流经管道。然而，只要管道完好无损，泵站正常运行，产品就可以连续流动。管道的直径决定了整体的容积效率。直径 36 英寸的管道的可承载货物量是直径 12 英寸管道的 17 倍。因此，尽管建造更大的管道可能要花 3.5 倍的钱，但只要对该容量有需求，这种尺寸的管道就能迅速产生回报。

尽管记录显示运营管道很安全，但安全和环境问题仍然存在。环保主义者担心建造管道会影响敏感的生态系统。例如，人们担心，将横贯阿拉斯加的 48 英寸高的管道置于地面之上，会干扰北美驯鹿和其他野生动物的迁徙。为了解决这一问题，管道的一部分被埋在地下或高架起来，让动物和人类的交通畅通无阻。但是，埋设和高架管道的成本要高得多。此外，人们还担心难以发现和修复断裂的地下管道。在容易发生地震的地区，需要建造具有一定灵活性的管道，以应对地震发生，这又增加了成本。

不断创新的多式联运

1956 年，马里兰州巴尔的摩市的交通运输发生了重大变革。企业家马尔科姆·麦克莱恩临时发明了一种新的运输方式，他把一艘退役的军事油轮改装成了第一艘升降式集装箱船，名为“理想 X”（Ideal-X）号。这不仅涉及船舶的改装，还涉及标准集装箱的创建，该集装箱可以由平板拖车移动，并可以很容易地被转移到船舶上。建造标准尺寸的集装箱意味着它们可以被最优化地放置在轮船的甲板上，最终集装箱被设计成可以堆叠到几层高的样式以提高效率。这一创新标志着现代多式联运的开始。

多式联运是指使用两种或两种以上的运输方式将货物从始发地运送到目的地。多式联运利用了每种运输方式的相对优势，克服了单一运输方式所面临的挑战。例如，“理想 X”号可以将卡车大小的货物快速地从内陆始发地运至装运港。在货物被转移到远洋轮船上之后，这批货物将受益于该船提供的容积和距离效率。最后，一到客户所在地附近的装运港，货物就受益于使用卡车送货上门的便利。这里的重大创新是，货物被装进集装箱后，直到交付时才需要重新处理。也就是说，不需要像维京时代以来的惯例那样重复处理散装货物或袋装货物。随着时间的推移，标准的多式联运集装箱可以通过铁路、卡车和轮船运输。多式联运铁路的引入提高了集装箱在地面上长途运输的效率。在一些铁路廊道上，集装箱可以双层堆叠，从而获得了更高的效率。

多式联运通常包括公路、铁路和水路运输。在多式联运的第一部分中，通过卡车在发货地点收集集装箱。卡车将集装箱运送到一个多式联运铁路堆场，在那里，集装箱被转运到铁路上，以便进行地面长途运输，从而到达出口装运港。然后，该集装箱可以与船上的数千个其他集装箱一起运输。在进口港口，集装箱被转移到地面，通过铁路或卡车运送到客户所在地。集装箱尺寸和配置的国际标准的发展支持了在多个国家的不同运输方式之间的无缝过渡。2012 年，美国运输了 1,230 万件多式联运货物，其中 80%是通过多式联运集装箱运输的。图 2-15 至图 2-20 展示了当今几种不同的多式联运方式。

图 2-15 多式联运集装箱

图 2-16 卡车将集装箱运送到港口

图 2-17　起重机在港口转运集装箱

图 2-18　多式联运海洋集装箱船

图 2-19　大型内河轮船上的多式联运集装箱

图 2-20　多式联运铁路运输

多式联运仍在不断创新，包括集装箱的尺寸和运载集装箱的船只。马士基航运公司从 2012 年开始推出的 3E 级船队的容量为 18,000 艘 20 英尺当量单位（TEUs）或 9000 艘 40 英尺当量单位（FEUs）。许多航运港口需要疏浚更深的航道，并开发具有更多码头空间和运输设备的大型码头，以容纳这些巨型船只。

请注意，航空运输也涉及多式联运，此过程使用的是 UPS、FedEx 和 DHL 等综合运输公司的标准航空集装箱。这些集装箱经过设计，适用于这些承运商的卡车，也适用于它们的货机，从而能够在机场快速方便地转运。集装箱通过滚轮传送机从卡车转移到飞机上。甚至飞机的货舱都装有滚轮地板，以使货物可以很容易地到达飞机上的合适位置并再次返回。图 2-21 和图 2-22 展示了使用集装箱和滚轮设备进行的空运作业。

图 2-21　空运集装箱

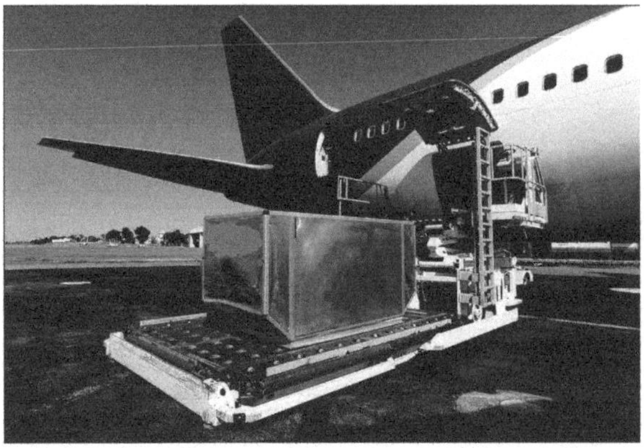

图 2-22　“腹部”空运集装箱

迄今为止，管道运输是唯一一种不涉及多式联运的运输方式。在通过管道输送到分配点后，流体材料通常还会通过其他方式输送。阿拉斯加北岸开采的石油，通过阿拉斯加管道输送到阿拉斯加南部。石油从瓦尔迪兹转移至油轮进行运输，运往美国西北部。从这里可以看出，产品可以通过铁路或卡车运送到客户手中。多式联运的优势在于运输的便利性，即使用一个集装箱通过不同的运输方式运送合并货物。这目前在管道运输中是不存在的。

然而，有一些有趣的设计可以使得通过管道在吊舱中运输非流体材料成为可能。想象一下， 免下车银行使用气动真空管在柜员和坐在舒适汽车上的消费者之间传送货币和小文件（但规模要大得多）。广泛的研究已经检验了这种运输方式的可行性。在欧洲和亚洲，人们正在考虑采用气动胶囊管道来运输更大的集装箱。中国的研究人员表示，他们正在研究一种新的交通工具，这种交通工具将在 10 年内以超过 1,000 公里的时速（比现在的商用喷气式飞机还快）运送人和货物。可以想象，这些吊舱可以通过其他运输方式运输，以提供更全面的点对点运输，因此也可以将这种运输称为多式联运。

小结

本章的主要内容如下。

（1）有 5 种基本的运输方式 : 公路、铁路、水路、航空和管道运输。

（2）每种运输方式在服务和成本方面都有其相对优势。

（3）大多数产品在配送过程中的某些时候都是通过公路运输的。

（4）拥有高效的铁路和通航水道的国家在长途高效运输大量货物方面具有优势。

（5）管道的建造和维护成本很高，但是它们在输送流体材料方面非常高效。

（6）多式联运利用两种或两种以上运输方式的优势来支持货物的运输。

参考文献

[1]John Francis Peters. Building the World' s Biggest Boat [J]. *Bloomberg Businessweek,* 2013, (9) : 44–50.

[2]C. Jake Haulk （1998）, *Inland Waterways as Vital National Infrastructure: Refuting "Corporate Welfare" Attacks, Allegheny Institute for Public Policy.*

03

运输经济学

运输经济学是经济学的一个分支。经济学关注的是选择一种最佳方法来分配稀缺资源以获得最大整体效益。政府利用经济学来决定他们应该投资的项目，比如交通基础设施项目（道路、桥梁、港口、船闸和大坝等）。企业必须运用经济学原理在资源配置方面做出最明智的决定。在运输方面，这些决策包括确定服务客户需要运营多少设施（分销网络设计），是否投资运营私人车队或从市场上的承运商处购买服务，以及入库和出库的运输方式，在这里仅举这几例。

本章的重点是承运商的运输运营经济学。了解承运商的成本后，我们将研究服务定价对客户的影响。在有效的市场环境下，承运商应该赚取足够的收入来支付成本，但是因为市场竞争，承运商将无法赚取过高的租金。我们将通过介绍承运商在运营中不同方式的成本来说明这个问题。

会计成本和经济成本的区别

区分运输运营成本的一种方法是考虑会计成本（Accounting Costs）和经济成本（Economics Costs）。会计成本包括实际的货币支出，它记录在公司的财务报表中。经济成本反映的是在采取不同行动过程中损失的收入。例如，一家承运商选择投资信息技术，而不是一个新的卡车站点。

对信息技术的投资是一种会计成本。经济成本体现在该公司因没有投资卡车站点以增强服务能力，从而错失的增量收入。经济成本通常被称为机会成本（Opportunity Costs）。确定机会成本通常是投机性的，因为它反映了未采取的行动。尽管存在这些担忧，但仍有必要对此进行估算，以决定如何投资稀缺资金。

固定成本和变动成本的区别

区分承运商成本的另一种方法是将会计成本分为固定成本（Fixed Costs）和变动成本（Variable Costs）。固定成本是指与活动水平无关的支出。变动成本会随着活动的增加而增加，随着活动的减少而减少。简而言之，基础设施、设备和车辆成本往往是固定的，而与运输运营相关的成本通常是变动的。不管货物是否移动，都会产生固定成本。固定成本会以反映资产需求的阶梯函数呈现出来。当运输量超过固定资产的容量时，承运商可能会投资以扩大容量，从而产生额外的固定成本。从这个意义上讲，固定成本会随活动而变化：收购新资产以应对容量短缺，出售现有资产以应对容量过剩。

变动成本以不同的方式累计。距离是变动成本的一个重要因素。运输距离越长，成本越高，反之则相反（距离越短，成本越低）。距离影响成本的原因是燃料的消耗和驾驶员的时间（工资）。货物量是变动成本的另一个因素。货物量在两方面影响成本：更大的货物量需要更大的货物搬运量（在装卸货物时）；更大的货物量意味着重量更大以及运输重量更大的货物会导致更高的燃油消耗率。

固定成本与变动成本之和等于总成本（Total Cost）。图 3–1 说明了在与距离有关的情况下固定成本、变动成本和总成本的典型表现。注意，固定成本是一条不随距离变化的直线。然而，变动成本会随着距离的增加而增加。总成本就是固定成本与变动成本之和，该曲线以与变动成本相同的速率增长。对变动成本的讨论会带来对边际成本（Marginal Cost）的理解。边际成本是指随着活动增加而产生的额外成本。

在图 3–1 中，边际成本反映在总成本曲线的斜率上（与变动成本曲线相同）。仔细观察总成本曲线，会发现曲线的斜率随距离的增加而有所下降。边际成本的降低表明存在规模经济效应。当从事一项活动的时间越长，每项新活动额外的单位成本越低时，规模经济就产生了。在以距离为焦点的例子中，每增加一英里的花费都比前一英里少，这被称为递减原则（Tapering Principle）。正如我们对变动成本如何增加的讨论所显示的那样，规模经济也与货物量有关。

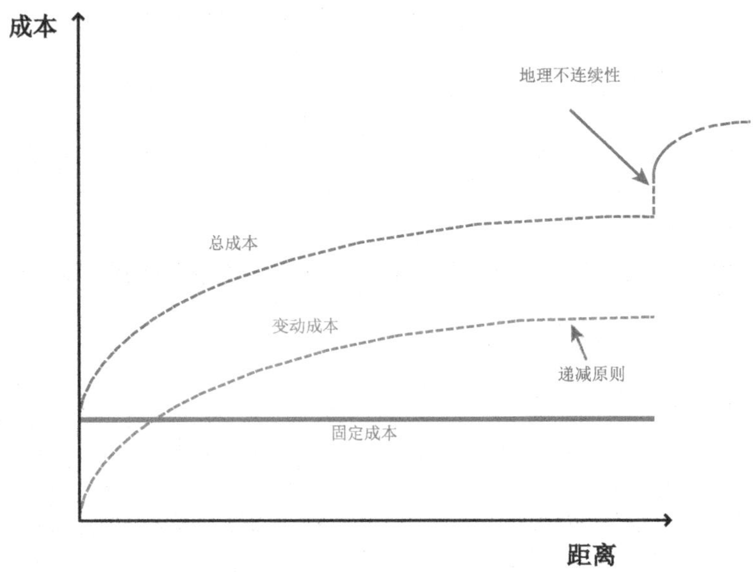

图 3–1　固定成本、变动成本和总成本

如图 3-1 所示，总成本曲线出现了跳跃（突然增加）。就距离而言，在某些时候，货运可能会达到极限，不能再继续下去，例如跨洋运输中卡车驶至公路尽头时，必须将货物移交给轮船或飞机，这称为地理不连续性（Geographic Discontinuity）。因此，总成本曲线反映了卡车的运输成本，当卡车到达终点时，总成本曲线跃升到更高的水平，这反映出在运输中采用的第二种运输方式（空运或船运）的边际成本。当然，当飞机或轮船运输结束并使用另一种运输方式运输货物最终将货物交付给客户时，我们会看到总成本曲线的另一次跳跃。

类似地，货物量的总成本曲线也会突然增加。随着货物量增加，货物在某些时候超出了运输工具的承载能力。运输工具的载重和空间容量都是如此。当运输工具达到其最大载重时，称其为“最大载重”。当运输工具达到其最大空间容量时， 则称其为“最大容积”。要运载超过车辆或集装箱的载重或容积的货物时，我们必须征用第二辆车（或第二个集装箱）。征用第二辆车（或第二个集装箱）会导致总成本曲线跃升，这反映了第二辆车（或第二个集装箱）的固定成本投资。

有些成本被认为是半变动或半固定的，而不是完全变动或固定的。如前所述，固定成本在技术上仅在一定程度保持“固定”水平； 有时候需要另一辆卡车、另一个站点或其他设备。有时运输工具的维护成本会被视为半变动成本或混合成本，因为它会随着运输活动的水平变化而变化，但不一定与活动的变化成正 比。加班工资通常被认为是半变动的。

承运商成本指标：营运比率

运输公司试图将服务价格定在确保盈利的水平。收入必须超过成本才能产生利润。在所有方式下，承运商都试图尽可能有效地利用其资产。这对于那些服务竞争激烈的市场的企业尤为重要，因为赚取这些市场的利润是一种挑战。

如果从运营中获得利润（即运营利润）是可能的，那么承运商必须积极地对资产进行再投资，以维持业务。铁路和管道公司也是如此，它们必须花钱建立和维护专用的通行权（如第 2 章“运输方式概览”所述）。承运商的营运比率（Operating Ratio，OR）的计算方法如下：

营运比率 =（运营成本 / 运营收入）×100%

OR 越低，承运商可用于投资业务的资金就越多。OR 是衡量承运商财务状况的重要指标。尽管在比较不同运输方式下的承运商时，OR 的意义不大，但 OR 可以用于评估在相同运输方式下竞争的承运商的运营效率。表 3–1 列出了在美国 LTL 市场中竞争的几家承运商的 OR。2013 年第一季度的平均 OR 为 97.0%，表明该行业的运营商利润率非常低。OR 值越低，承运商必须在业务上进行再投资的资金就越多。

OR 对承运商和任何可能评估承运商的人（包括当前和潜在客户、投资分析师、金融机构，以及在适用情况下负责确保承运商经济财务状况的监管机构）来说都是一个重要指标。陷入财务困境的承运商害怕承担更大的安全违规风险。

表 3–1　美国 LTL 市场营运比率

截至 2013 年 3 月 31 日的第一季度

数据单位：千美元

承运商	耶路全球公司（YRC Worldwide）	阿肯色货运公司（Arkansas Best/ABF*）	统领货运公司（Old Dominion）	康威货运公司（Conwa*）**	赛亚货运公司（Saia）***	所有承运商
包括燃料在内的总运营收入	1,162,5 00	520,6 87	532,5 75	827,7 36	273,7 95	3,043,2 98
从 2012 年到 2013 年的变化	– 2.70%	18.10%	7.10%	– 0.40%	– 3.60%	2.70%
零担吨位	– 4%	4.20%	3.50%	– 1.30%	– 1.60%	
净收入	– 24,500	– 13,395	40,533	16,024	9,1552	7,837
从 2012 年到 2013 年的变化	2012 年第一季度亏损：79,800	2012 年第一季度亏损：18,160	30.40%	– 53.60%	65.40%	
净收入占收入的百分比	– 2.10%	– 2.60%	7.60%	1.90%	3.30%	1.60%
2012 年净收入占收入的百分比	– 6.70%	– 4.10%	6.30%	4.20%	2.10%	0.30%
2013 年LTL OR	99.10%	105.50%	87.60%	98.10%	94.70%	97.0%
2012 年LTL OR	104.10%	105.50%	89.10%	95.80%	95.90%	98.10%

* 包括其 Panther Express 部门的数据，但OR 除外。

** 康威的数据仅代表其LTL部门，而不是整个业务，其中包括门罗物流、整车运输业务和其他部门。康威的收入仅指零担部门的运营收入，不包括其他费用，该费用将记入其他承运商的费用中，并计入全部净收入数字。

*** 赛亚的收入数据包括整车业务部门的数据，该部门的数据约占总数的15%；收入没有被分解。

对承运商来说，另一个重要的财务指标是服务成本。服务成本是承运商对为不同客户提供服务所产生的具体成本的估计。这对承运商恰当地进行服务定价是至关重要的。向不同的客户收取相同的服务费可能很简单，但对承运商来说却充满了风险。基于平均成本的假设是，客户是均一消耗承运商资源的，但这实际上是不可能的。例如，假设任何一英里或任何一单位距离的成本都是相同的，这是错误的。在空旷的高速公路上行驶 1 英里仅需 1 分钟，而在高峰时段在拥挤的市区行驶 1 英里可能需要 20 分钟，这会耗费驾驶员更多的时间并消耗更多的燃料。同样，回顾第 2 章，一艘驳船顺流而下的速度与逆流而上的速度也有差异。拖曳驳船的拖船逆流而上会比顺流而下消耗更多的燃料。此外，还要考虑需要特殊服务的客户，如货运的特殊处理或特殊的通信和支持。这些简单的例子强调了理解客户的特定需求以及满足这些需求所需的成本或服务成本的重要性。

多年来，许多组织都采用作业成本法（Activity-Based Costing，ABC）来确定服务不同客户的成本。ABC 法在基础设施中普遍用于将间接成本分摊给产品和客户。运输和物流公司采用 ABC 法来了解客户需求和资源消耗之间的关系。顾名思义，该方法要求企业追踪其活动。这可以通过映射过程（如装载和运输货物）和管理过程（如与客户沟通和开具发票）来完成。映射流程后，将它们链接到执行流程所消耗的资源和所产生的成本。这需要检查企业的财务记录和费用，包括总账活动、现金流量表和损益表。当今的服务成本系统可以简化这一步骤。在此基础上，为企业在服务成本方面所开展的各种活动制定每项活动的成本。最后一步是将活动日志集成到分析中。这说明了服务提供商在指定时间内（通常是前 12 个月）为客户执行每个活动的频率。企业将每个客户的活动成本相加以确定服务成本。图 3–2 和图 3–3 说明了所采用的逻辑。

总而言之，ABC 法提供了一种比平均法更准确的方法来计算服务于不同客户的成本，而平均法假定客户成本是均一的。然而，在复杂的业务中，制定或维护 ABC 法并不容易。简化分析（以及增强决策）的一个重要但经常被忽视的方法是，仅囊括在客户不再是客户的情况下将会消失的成本。换句话说，就是只包括那些随着客户活动增多而增加或随着客户活动减少而减少的运营和管理成本。再换句话说，若承运商不再为该客户提供服务，某一站点或维修设施也不会关闭，则没有理由试图将这些费用分摊给该客户或任何其他客户。这种简化可以使 ABC 法分析问题变得更加轻松和深入，从而有助于明智地决策，例如制定平均价格。

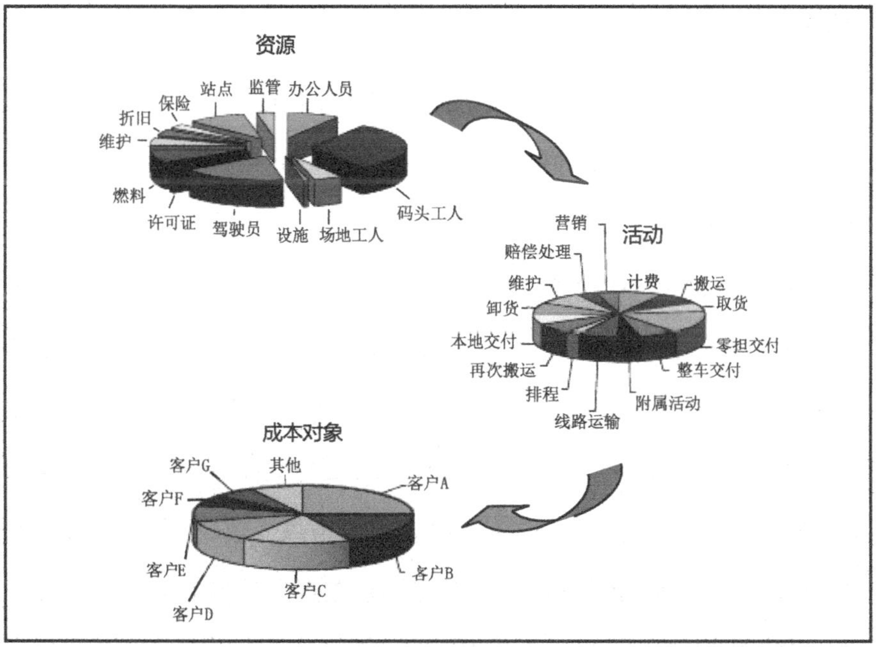

图 3–2　将资源转换为作业成本：成本流

资源	➤	成本/驾驶员	x	驾驶员活动/成本对象	= 成本/成本对象
成本数据来自总账活动、现金流量表和损益表		记录、观察和评估驾驶员的整体活动水平		在客户/销售记录、观察和员工评估中记录成本对象活动	成本对象（客户、产品）的总服务成本

每个计算方法所需的数据源

图 3–3 将资源转换为作业成本：计算方法

承运商定价与托运商成本计算

运输价格又称为费率。有几个因素影响承运商的服务收费。在许多国家，政府决定承运商的服务收费。受监管的市场旨在确保为托运客户提供充足的服务，并为参与其中的承运商提供丰厚的利润。在严格监管的环境下，其中许多承运商是国有的。美国通过 ICC 一直管制着州际卡车运输和铁路服务的价格，直到 1980 年通过了《汽车运输法案》和《斯塔格斯铁路法案》。这些放宽管制的行为大大削弱了州际商务委员会和费率局对运输经济事务的影响。研究表明，由于这些放宽管制的行为，卡车运输和铁路运输服务市场发生了巨大变化，许多托运商从中受益。由于解除管制所引起的竞争，在许多由数量和竞争决定的市场中，服务质量大大提高，价格降低。然而，说各方都从放宽管制中受益并不准确：偏远地区的小型托运商经历了价格上涨和服务供应减少。同样，无法在自由市场上有效竞争的承运商也失去了他们在监管下享有的保护。但是，在大多数观察者看来，收益大于损失。

鉴于美国的经验，世界上有几个国家的政府正在放松对运输市场的管制。在某些情况下，这意味着运输行业的私有化，包括航空、铁路、水路和管道运输。例如，自 20 世纪 90 年代末以来，欧盟各国在国内以及在整个欧盟国家范围内极大地开放了航空运输。同时，政府正在取消定价标准，从而实现更大的定价自由。

当允许市场力量自由决定费率时，承运商主要的投入就是其提供服务所产生的成本，如本章所述。承运商至少应设法承担其成本，以确保获利。若干投入决定了服务成本。承运商主要的投入是收集和在指定距离内运输货物的成本。承运商承担取货设备的定位、移动以及将设备归还到其存放点或下一个取货点的运营费用。然而，除了驾驶员的工资和福利、燃料和运输工具折旧等运营费用之外，还会产生大量额外的成本，包括与计划装运、调度设备、追踪装运和开具服务发票相关的管理活动产生的费用。在向潜在客户推广和销售服务时，会产生更多的额外成本。还有更多的费用是与支付保险费用、获取许可证和注册有关的。显然，对承运商而言，承担成本本身就是一个具有挑战性的命题，尤其是在竞争激烈的市场中。

在竞争激烈的地区，争夺市场份额的承运商的费率定得极低。然而，当竞争减弱时，费率往往会提高。竞争激烈的市场使运输的许多细分领域的利润都非常低。例如，美国的普通集装箱货车 TL 运输市场可谓竞争激烈。没有哪一家承运商拥有明显的市场份额，而且市场高度细分。考虑到这一竞争激烈的细分市场所具有的极具竞争力的费率和极低的利润率，该业务通常被视为“一英里赚几分钱”的业务。在这种情况下，承运商一直在寻找机会，以在竞争不那么激烈的路线或航线上获得可观的利润，以应对他们在面对面竞争中所面临的激烈价格竞争。

能弥补承运商成本支出的是客户为服务付费的意愿。客户愿意付费是基于不同因素的，这包括其他承运商提供类似服务的比较价格以及托运商自行执行服务所需的费用。当运输是必不可少的且没有可行的替代方案时，价格往往会更高。一方面，当客户愿意为服务支付更高的价格时，需求就是无弹性的。另一方面，弹性需求与需求变化相关，这里的需求与价格变化相关。价格上涨时，需求减少。在单位弹性下，特定的价格增长百分比会导致需求的相同程度（即相同百分比）的下降。在市场条件不完善、需求缺乏弹性的情况下，承运商收费高昂时，有时需要政府介入。相反，托运商也被认为会对运输市场造成过大的影响。19世纪末期，人们意识到铁路运输公司的侵权行为，于是后来成立了州际商务委员会。

承运商在自由定价运输服务时会考虑成本以外的因素。与装运相关的潜在风险是这些因素之一。风险可能与货物丢失或损坏有关。承运商对高价值商品负有很高的财务责任。因此，承运商可能会收取更多费用来承担这种风险。有些货物特别容易丢失或损坏，易腐烂的水果和玻璃制品就属于这类货物。需要特殊处理或安全保护的危险材料和货物的运输费用也可能会更高。诸如温度或气候控制之类的特殊服务也需要额外的费用。温度控制需要额外的能源，并且会带来与货物相关的额外风险，当货物暴露于过热或过冷的情况下时可能会损坏。

影响价格的另一个因素是货运流量的平衡。如果承运商可以在回程和出库行程（去程或头程）中获得收入，则承运商将更愿意以较低的价格向托运商提供去程服务。但是，如果只能在去程运输上获得收入，则承运商将尝试用一次装运来赚回其出库和回程的运营成本。实际上，托运商理应帮助承运商提供回程货物，以减轻支付两次行程费用的负担。托运商本身可能会提供回程服务，以确保承运商的货运平衡并获得更优的服务价格。

货运失衡对承运商而言可能是暂时的或长期的挑战。例如，考虑到夏末农业收成的季节性，此时整个地区的农作物可能都需要在几周的时间内运输。尽管满载的卡车、火车和驳船可能会将收获的谷物从农场和谷仓运送到加工厂，但回程货运量可能很少。因此，农民需要为此支付额外费用，或者选择自行运输。在向佛罗里达州南部的货物运输中出现了较长期的失衡。佛罗里达州是“净消费者”州，这也意味着它所消费的制成品所占份额比其生产的制成品所占份额更大，这也意味着有成千上万的卡车将产品运送到该州的南部地区。然而，很少有卡车能够在返回北部“制造”州的途中赚取收入，从而导致将货物运往佛罗里达州南部的费用较高。但是，当在该地区收获水果和蔬菜并分销到北部时，会出现例外。在此期间，卡车可以载运货物进出佛罗里达州，承运商既可以在去程运输路线也可以在回程路线上赚取收入。

运输费率的表示方法

运输价格可以用不同的方式表示。最简单的表达方式是两点之间统一费率。 在固定路线上运行的承运商，如铁路承运商，通常会在网络中的两个点之间收取一定的费用。 这称为商品费率（Commodity Rate）。管道和水运承运商也可以对网络中两个固定点之间的服务收取固定费率。在许多情况下，货运量并未被计入这些固定的点对点费率。

路线变化较大的卡车运输公司可能会选择根据距离定价。 例如，按英里计费可让承运商确保覆盖非固定路线的变动成本。TL 承运商通常以英里为单位计算费率。在这些费率中可能会添加附加费，以适应燃料价格的上涨或城市交付时间的增加。

分类费率（Class Rates）是另一种定价方式。分类费率旨在简化可能影响定价的多个标准。LTL 卡车运输公司是最有可能采用分类费率的承运商。TL 承运商倾向于对点对点服务统一收费或按英里计费，而 LTL 承运商（以及那些具有与运输工具空置空间有关的机会成本的承运商）则按数量收取费用。[1] 回想一下，一方面，卡车承运商仅限制最大负载重量，无论体积大小，均收取相同的费用。另一方面，LTL 承运商则试图从几个不同的托运商那里赚取收入以弥补他们的拖车损失。当一辆拖车有闲置的空间或未使用的载重时，就意味着他们失去了赚取更多收入的机会。因此，LTL 承运商采用了一种传统方式向客户收费，即按客户货物在运输工具中占据的载重或空间容量来收费。

为了适应多个维度，分类费率以重量和商品分类表示。在美国，分类费率用美元 /100 磅重量增量（也称为“世纪重量”或“英担”）表示。因此，商品类别反映了所运输货物的密度。密度是在给定空间下重量的度量。一个密度很大的物体是相当重的，因为它消耗的空间很小。金属和液体就是密度很大的产品。鉴于低密度产品占据的空间容量，其占据的重量容量很小。因为分类费率是以美元 / 英担（$/cwt）表示的，所以低密度的产品将有更高的分类级别，这代表较高的每英担费率，因为它将消耗“超过其应占份额”的运输工具的空间容量。考虑一下运送一批椅子的情况。

1　所有承运商都会设定最低收费，即使是小批量运输和短途运输，以承担运输的会计成本和机会成本。

即使一把椅子可能重达 20 磅，将椅子叠放和嵌套，卡车也将有很多剩余空间。换句话说，卡车运送的不仅是椅子，还有大量的“空气”，因为即使嵌套摆放，椅子间也会留下很多空隙。因此，椅子的分类级别将比密度更大的产品更高，通过 LTL 承运商运送这些产品的价格也更高，因为 LTL 承运商关心的是如何使用其运输工具的空间和载重。

除密度外，在确定商品类别时还要考虑其他因素，包括空间利用率、装卸能力、价值、危险性和与装卸有关的产品相关责任。随着产品在设计上的变化或以任何方式进行的调整，产品的分类级别也会发生变化。这是通过由托运商和承运商组成的利益相关者委员会的审议来实现的。在美国，国家汽车货运协会（National Motor Freight Traffic Association，NMFTA）是负责维护商品分类的组织。国家汽车货运协会维护着国家汽车货运分类（National Motor Freight Classification，NMFC），该分类编码了 18 种不同类别的产品，分类级别从 50 到 500 不等。分类级别为 50 的产品每英担的费率最低，这反映了它们在“运输性”方面的优势。它们可能密度很大，易于堆放和处理、坚固，而且相对安全可靠。例如，用托盘装运的砖块或包装好的沙子就是分类级别为 50 的货物。相反，分类级别为 500 的货物密度低，不易堆放和处理、易碎、价值高，并且可能带有危险和责任。黄金和乒乓球就是分类级别为 500 的货物。黄金价值极高，分类级别很高，而乒乓球则非常轻。这两种产品的运输价格（以美元 / 英担表示）都高于分类级别较低的产品。

分类系统在受监管的卡车运输环境中至关重要，如今，它仍是行业内简化运输定价谈判的重要参考。另一种简化方法是使用均一费率（Freight-All- Kinds rates，FAK）。FAK 是一种协商费率，适用于一批次或多批次具有不同分类级别的产品的运送。为了举例说明，可以考虑装运 100 磅的分类级别为 50 的产品、600 磅的分类级别为 100 的产品和 1,300 磅的分类级别为 300 的产品。承运商可以对这 3 种产品类别收取不同的费用。但是，托运商可能就寻求单个类别费用进行谈判，以获取适用于货运中的所有 3 种类别的产品的价格。托运商会明智地寻求较低的 FAK 类别，以在整个 2,000 磅的货运中享受较低的费率。而承运商将会提出更高的 FAK 类别的建议。如果托运商和承运商同意，FAK 将出现在货运的运费清单上，并确定适用于满载的类别和相关费率。托运商采用 FAK 来协商费率，比传统评级费率更低。在手工开具发票的时代，该策略为承运商提供了简化的方法，尽管如今在签发和审核货运单时使用了先进的自动化技术，但这种做法仍然存在。

航空公司使用与 LTL 承运商类似的方法来计算运输成本。这是因为与 LTL 承运商类似，航空公司也关心在众多不同客户中如何使用运输工具（飞机）的空间和载重。当机会成本与空间或容量的使用方式相关联时，将使用变动定价。航空公司采用一种称为体积重量的密度测量方法。这是负载的立方尺寸的标准重量。航空公司通常使用的标准密度是每立方英尺 10.4 磅，或者反过来说，每磅 166 立方英寸。对于采用公制单位的运输，通常采用 200 千克 / 立方米（5,000 立方厘米 / 千克）和 166 千克 / 立方米（6,000 立方厘米 / 千克）作为标准。不同的承运商会采用不同的体积重量标准，并且这些标准在国内和国际运输之间可能会有所不同。

在为航空货运服务进行定价时，空运货物的实际重量将与承运商提供的体积重量标准进行比较。承运商是根据两者中较重的一个来收费的。假设承运商使用每立方英尺 10.4 磅的密度标准来计算运费。若客户想要装运的货物长 4.5 英尺，宽 4 英尺，高 3.75 英尺，重 280 磅该怎么办？该货物的立方尺寸为 67.5（4.5×4×3.75）立方英尺。用重量（280 磅）除以货物的立方尺寸（67.5 立方英尺）得到的密度约为 4.148 磅 / 立方英尺。这比标准密度 10.4 磅 / 立方英尺小。因此，承运商在对运输收费时将采用标准密度（而不是实际密度）。按体积重量定价据说是对低密度货运的托运商的惩罚。但是，公平地讲，定价反映了航空承运商的运营现实，因为它们在载重和空间方面的能力有限，无法从中获得最大的收益并支付昂贵的运营成本。

在确定基本运输服务费率时要考虑的最后一个因素是最低收费。尽管采用了确定价格的公式，但无论运输的距离或数量如何，承运商常会确保对所有运输都采用最低起价或最低收费。承运商的所有承诺都会产生运营成本、管理成本和机会成本。因此，承运商必须确保在支付费用后所有的货运至少有盈利的可能。根据承运商提供服务的模式和资源的不同，他们提供的最低收费也会有很大的不同。

附加服务和额外的费用

基本运输服务的价格称为线路价格，这体现了产品从始发地到目的地的运输成本。但是，承运商可能会在其定价中加入额外的费用，包括在货物的起点和终点之外的中间点卸货或上门取货的中途停留费用。鉴于停留和容纳额外货物需要额外的时间，所以该费用是合理的。托运商通常会雇用 TL 承运商在单次装运中运送多件货物。一批货物运送到中间点，另一批货物运送到最终交付位置，只要中途停留不会使运送过于偏离原始交付的路线，承运商通常会接受这些额外货运要求。距离原始交付路线越远，承运商收取的中途停留费用就越多。此外，承运商很可能会提出延长时间或与中途停留等待有关的要求，中途停留会削弱其满足最终目的地的交付要求的能力。也就是说，在中途停留地点的任何延误都会损害其对最终目的地交付的承诺。1

承运商还可能因将货物从其原始目的地转移到另一个目的地而收取费用。当托运商和承运商就货物运输达成一致，而托运商在货物已经在运输途中的情况下提出更改目的地的请求时，则可以采取转移或重新托运的方法。这种安排最有可能发生在公路运输方式中，因为公路运输更容易适应货物目的地的变化。还可能有这样的情况，原计划在某企业的物流网络的一个配送中心进行的货运，必须转移到另一个设施短缺的地点。承运商需要重新安置设备，驾驶员需要重新适应货运路线的变化，收取重新托运费可确保其因这种不便得到补偿。

托运商和收货人通常还要缴纳因延误运输车辆作业而产生的罚款，有时是对运输车辆的经营者的罚款。滞纳金是指在装卸卡车时发生延误，使卡车无法用于运输服务时收取的费用。这通常不仅使设备处于等待状态，还会使卡车驾驶员也处于等待状态。承运商通常会为托运商提供最多 2 个小时的宽限期，让托运商装运货物，让收货人卸货。当服务小时数超过这一标准时，承运商可以对滞留设备和驾驶员收取费用。承运商面临驾驶员短缺的问题，这也是许多国家主要关注的问题。例如，德国正面临驾驶员短缺的问题，该短缺预计 2023 年将增加到 15 万人。[1]

---

1 第 5 章中有更多关于合并策略的信息。

驾驶员短缺的原因之一是不得不在取货和中途停留地点等待，这让他们感到沮丧。传统的驾驶员工资的支付方式是按所驾驶的距离向驾驶员支付工资，而不是按等待时间。在这种情况下，驾驶员会感到相当糟糕，许多人选择离开这个行业。20 世纪 90 年代末，一项针对 TL 承运商的研究发现，长途卡车驾驶员平均每周要浪费 33.5 小时来等待装卸货物！[2] 服务小时数（Hours of Service，HOS）的调整挑战了驾驶员的可用驾驶时间，也导致承运商为支配驾驶员的时间增加了额外的保险费支出。为了解决这一问题，承运商在收取滞纳金和将大部分收益分配给驾驶员方面变得相当积极。拒绝支付滞纳金的托运商将来有被拒绝服务的风险。此外，那些以滞留驾驶员和不支付滞纳金而闻名的托运商在业内也被认为是不善合作的。滞期费一词适用于租船船东和铁路承运商向客户收取的以其各自方式扩展使用运输工具和集装箱的费用。滞期费通常是按日收取的，而不是像卡车运输一样按小时收取。

有时，汽车承运商会签订协议，允许托运商在几天内装载或卸载拖车。落地拖车服务是指延长将拖车留给托运商或收货人的时间，以便在客户方便的时候进行更多的装载或卸载。运营商会为此类服务按日收取费用。提供落地拖车还可以更好地利用驾驶员的时间。

附加费是指对装运货物收取的任何额外费用。燃油附加费是最常见的。当燃油价格波动时，承运商会加收附加费，以保护自己免受能源成本上涨的风险。美国的承运商通常将美国能源部的燃料价格指数作为一种客观标准。当燃油价格超过商定的标准时，就会加收附加费。当承运商必须支付道路通行费或通行权费时，也可能会产生附加费。在繁忙的市中心地区，汽车承运商通常会对交付货物收取附加费，因为在那里交付货物的时间可能会更长。

最后，附属费用是指为支持运送而使用的任何特殊设备或人工所产生的费用。例如，许多装运地点和收货地点均未配备装卸平台。在这种情况下，承运商可以提供升降门服务，以支持货物的装卸。某些货物可能需要额外的阻挡和支撑来固定负载，以防止其在运输中移动和损坏。通过油罐车或铁路槽车运输化学品时，可能需要在下次装运之前清洗罐箱。有些货物可能还需要额外的包装以及进行危险材料的处理或做好高度安全预防的准备。在以上这些情况下，承运商都可以根据附加服务条款收取相应的附属费用。

小结

总而言之，承运商在提供运输服务时会产生会计成本和机会成本。有些成本是固定的，有些成本则是变动的。运输距离和运载量的规模经济影响着承运商的成本，进而影响不同运输方式的定价。承运商不仅对上门运输服务收费，还因为各种各样的原因收取费用，从附加服务的提供到对延误的处罚，以及为通胀经济付费的需求，不一而足。

本章的主要内容如下。

（1）服务成本是决定服务收费的一个基本因素。

（2）承运商会考虑管理运营和服务客户所产生的会计成本和经济成本。

（3）固定成本和变动成本是影响承运商运营利润的因素。

（4）承运商在为服务定价时考虑服务客户的成本是明智的。ABC 法是一种确定服务不同客户的成本的方法。

（5）运输费率以不同的方式表示，包括固定费率、变动费率和分类费率。

（6）除了基本运输（长途运输）外，承运商可能还会提供多种服务，并对这些服务收取不同的费用。

参考文献

[1]Toot–Toot.Germany Wants More Truckers [J]. *Bloomberg Businessweek*(2 September 2013) : 20–21.

[2]Truckload Carrier Association. *Dry Van Drivers Survey*. June 1999.

04

不同形式的运输服务商

运输服务市场的特点是服务提供商种类繁多。他们的种类范围从负责完全执行整个物流服务的基于资产的第三方物流服务提供商，到负责维护与基于资产的服务提供商的关系并分包工作的基于非资产的经纪人。在交通运输市场中出现了如此多样化的服务提供商，这表明每个服务提供商在市场中都扮演着重要的角色。此外，互联网和其他先进技术的引入，已经给市场带来了新形式的服务提供商。本章将介绍国内外服务领域中不同形式的服务提供商。

私营运输

对于想要将货物从一个地方运输到另一个地方的托运商来说，第一种选择是在企业内部进行运输。这也称为私营运输（Private Transportation）。私营运输即采用自己的方式来运输货物。从技术上讲，这是指企业的非出租运输，企业还拥有（或租赁）和经营运输设备以促进其主要业务的开展。这意味着，私营承运商一般不向公众提供货运服务（尽管许多国家允许私人提供货运服务）。正式地说，被视为私营的企业不能以运输作为主要业务。

私营公路车队

到目前为止，在托运商中最常见的私人运输方式是公路运输。在管制时期，很多企业都拥有私营公路车队。其原因很直观：当市场提供充足的选择和具有竞争力的价格时，私营企业的吸引力就降低了，因为托运商可以以较低的成本购买灵活的运输服务，而不会从主要业务中分心。

然而，由于市场在管制期间受到严格控制，价格很少（如果有的话）由市场驱动，私营公路车队是可盈利的，值得经营。在现代商业世界，私营公路车队的价值有所下降，因此有许多承运商积极竞争市场上的业务。然而，一些企业继续保有相当庞大的私营公路车队供内部（有时是外部）使用。据估计，仅在美国就有超过 3.3 万支拥有 10 辆或 10 辆以上车的私营公路车队。表 4–1 列出了美国较大的私营公路车队，以及每个车队的车辆数量（截至 2013 年）。

从小型零售商到跨国企业，很多企业都拥有一支私营公路车队。例如，沃尔玛拥有由 6,000 多辆拖拉机车头和 5.5 万辆拖车组成的专用私营公路车队，每年行驶里程超过 7.5 亿英里。同样，像百事可乐和康卡斯特这样的企业也运营着大规模的私营公路车队，以为其商店、配送中心和客户提供服务。在过去的一段时间里，经营私营公路车队不再十分流行，但仍有一定的优势。

表 4–1　美国较大的私营公路车队

拖拉机车队			直式卡车			总功率单位		
排行	公司	车队规模	排行	公司	车队规模	排行	公司	车队规模
1	百事可乐（PepsiCo）	14,293	1	美国电话电报公司（AT&T）	63,592	1	美国电话电报公司（AT&T）	63,647
2	可口可乐（Coca- Cola）	8,200	2	威瑞森公司（Verizon）	58,768	2	百事可乐（PepsiCo）	62,066
3	西斯科（Sysco）	7,309	3	百事可乐（PepsiCo）	47,773	3	威瑞森公司（Verizon）	58,818
4	沃尔玛（Walmart）	6,142	4	康卡斯特（Comcast）	37,087	4	康卡斯特（Comcast）	37,087
5	美国食品公司（US Foods）	5,241	5	废物管理公司（Waste Management）	27,000	5	废物管理公司（Waste Management）	28,600
6	哈里伯顿（Halliburton）	4,301	6	时代华纳公司（Time Warner）	18,973	6	时代华纳公司（Time Warner）	18,974
7	纳伯斯工业（Nabors Industries）	3,920	7	共和服务公司（Republic Services）	18,149	7	共和服务公司（Republic Services）	18,343
8	凯伦公司（McLane Co.）	3,503	8	世纪链接（Century Link）	17,924	8	世纪链接（Century Link）	17,926
9	作物生产服务（Crop Prodn. Services）	3,217	9	信达思公司（Cintas Corp.）	13,300	9	可口可乐（Coca-Cola）	14,100
10	斯伦贝谢有限公司（Schlumberg-er Ltd.）	3,062	10	服务大师公司（The Service Master Co.）	12,784	10	信达思公司（Cintas Corp.）	13,400

私营公路车队的优势

可以说，在货运业务放宽管制后，拥有和运营私营公路车队的优势已大大减弱，但企业仍因一些优势值得运营自己的车队。当所需的运输量很大时，尤其如此。第一个优势是潜在的成本效益。私营公路车队的运营商很少说他们运营私营公路车队的主要原因是节省成本，但在某些情况下，私营公路车队可以为托运商提供比纯粹通过公共承运商运输更大的成本收益。这是因为这些托运商获得了可靠的内部运输解决方案，而潜在的运输公司和卡车运输公司则需要与这种内部选择竞争，以赢得托运商的业务。在公开市场上，托运商能保证自己享有最优惠的费率。此外，大型承运商通常会在运送完货物后空舱返回（也称为空车返回），而这一成本已包含在提供给托运商的报价中。拥有私营公路车队可以让托运商在进港途中从供应商处取货，从而为入库运输提供一种经济高效且环保的运输解决方案。

私营公路车队的另一个优势是，它们能够使企业将其陆上货运成本保持在低于竞争对手的水平。例如，沃尔玛利用其庞大的私营公路车队，在从零售商店返回配送中心的途中，从供应商处收取货物。由于大多数托运商在与承运商协商运费时，会以货运量作为杠杆，因此沃尔玛此举就是从这些托运商的货运线上“拉走”货运量（通过接管入库运输），这降低了托运商的货运量折扣，从而增加了他们运输其他货物的费率。这些增加的成本随后被转嫁给其他零售商，从而使沃尔玛在竞争中获得可观的成本优势。[1]

另外，在某些情况下，仅仅由于货物或业务的性质，私营公路车队就值得运营。一些托运商的货物不能完全归入一个类别。在这种情况下，普通承运商通常最终会提交不正确的索赔报告。拥有私营公路车队就可以解决这个问题。同样，当托运商经营私营公路车队时，驾驶员不仅是将货物从一个地方运到另一个地方的人，他们还充当企业的代表，在某些情况下，甚至是销售人员。考虑到驾驶员最终与下游渠道合作伙伴有许多面对面接触的机会，驾驶员通常会成为托运商的最佳客户服务代表。此外，一些托运商认为，他们的私营公路车队行驶在州际公路上时，车队上醒目的商标成为他们免费的广告牌，告知客户他们提供的产品和服务。实际上，在城市地区，卡车平均每年可产生约 1,200 万人次的“观众印象”。[1]

一些托运商之所以使用私营公路车队，是因为这为他们控制和保障容量方面提供了便利，在易腐货物市场上尤其如此。在运输旺季，托运商可能很难在普通承运商市场上获得必要的运力。运营私营公路车队既舒适又便利，因为车队能让货物及时到达其预定目的地。[2]

最后，私营公路车队提供的安全等级是租车公司难以匹敌的。因为私营公路车队致力于为企业服务，所以他们完全符合企业的利益。这包括货物的安全保障。托运高价值或危险货物的托运商通常选择通过私营方式进行运输。大多数从事“现金物流”的企业都是如此，比如布林克斯（Brinks）、邓巴装甲车运输公司（Dunbar Armored）和加尔达（Garda），他们专门从事货币和其他贵重物品的运输。

一种中立的方法是专用车队服务。租车公司提供专用的车队，看起来和用起来就像托运商自己的私营公路车队。在某些情况下，租车公司一旦受雇于托运商，就会获得卡车运输资产甚至劳动力，承担运输业务并向托运商收取服务费用。这样的安排使企业能够将私营公路车队所有权的好处与专注于企业核心（非运输）业务自由地结合起来。许多专用车队会维护托运商的形象，包括在卡车和拖车上印上企业的标志，甚至让

1 统计数据来自 Mobile Billboard Advertising。

驾驶员出现并表现得好像他们是托运商直接雇用的。例如，英运物流公司（Exel Logistics）为不同的零售商提供家庭和办公室送货服务。在客户眼中，英运的送货员似乎是零售商的雇员，他们对产品很了解，可以代表零售商安装家用电器。总而言之，专用车队服务为托运商提供了私营公路车队和传统的租用服务之外的另一种选择，这类托运商的规模大到足以让承运商有提供这种服务的兴趣。

其他（非公路）私营车队

如前所述，私营运输几乎专门是指私营公路车队，因为大多数其他形式的运输几乎完全是在租用 / 共享承运商的基础上进行的。然而，也有例外，比如私有化铁路的准私人所有制。因此，从真正意义上来说，美国没有私营铁路。不过，该行业确实出现了将私营有轨车挂在公共运输车上并通过公共铁路运输的做法。实际上， 截至 2008 年，在北美铁路运输的货物中，超过 50% 的货物是由非铁路租赁公司和托运商（私营有轨车）拥有的车辆运输的。[3] 水路运输也采用了类似的方法，私人所有权通常仅限于驳船而不是真正的动力船。农业和能源领域的大型企业通常拥有自己的港口，特别是在河流和湖泊上，以调度和接收货物。

管道运输在托运商中并不常见，但这种运输方式通常由企业所有和经营，供私人使用。从技术上讲，管道在美国被认为是普通的运输工具，尽管其他企业使用另一家企业的管道是不现实的。最后，私人航空承运商几乎只用于运送人，而不是货物。

外包运输

对于选择不进行货物自运的托运商来说，第二种选择是将这项活动外包给运输专家。在这种情况下，托运商可以选择租用第三方物流（Third-Party Logistics Service Provider，3PLs）公司[1]的服务或直接找承运商（如TL或LTL承运商）购买服务。

合同承运

正如第2章所述，有几种类型的专业服务提供商提供货运服务。基于资产的承运商（指拥有卡车、拖拉机等的货运公司）从事货物运输并直接向客户出售服务。如我们所见，在公路运输中，承运商分为TL承运商和LTL承运商。同样，在远洋运输中，有班轮运输和不定期船运输服务。一些托运商选择直接与此类服务提供商打交道，这些服务提供商又称第二方物流服务提供商（Second-Party Logistics Service Provider，简称2PLs）。在许多情况下，较大的托运商由于其购买力和大量货物运输折扣会选择直接与2PLs交易。较小的托运商通常通过经纪人和中介机构来交易，因为他们的货运量较小且缺乏市场购买力。这为第三方物流服务提供商、第四方物流服务提供商、货运代理商和经纪人等中介机构创造了市场。

第三方物流服务提供商

基本上，3PLs可以定义为执行企业全部或部分物流职能的外部供应

1　根据当前的商业惯例，一些公司还选择使用物流外包或合同物流代替3PLs。

商。3PLs 的货运业务是运输业增长最快的市场之一：仅 2010—2011 年，全球 3PLs 的整体市场就从估计的 5,416 亿美元增长到 6,161 亿美元，在一年内增长了近 14%。[4] 超过 86% 的美国财富 500 强企业使用外包的 3PLs。3PLs 市场的这种增长不仅出现在美国，也出现在全世界其他国家。自 2006 年[5] 以来，亚太地区的 3PLs 市场以每年 14%的速度增长。表 4-2 列出了世界十大 3PLs。

表 4-2 世界十大 3PLs（截至 2012 年 5 月）[6]

排名	公司	2011年总收入（百万美元）
1	敦豪物流供应链（DHL Supply Chain）	32,160
2	德迅（Kuehne + Nagel）	22,181
3	德国铁路信可物流（DB SchenkerL ogistics）	20,704
4	日本通运（Nippon Express）	20,313
5	罗宾逊全球物流（C.H. Robinson Worldwide）	10,336
6	基华物流（CEVA Logistics）	9,602
7	UPS 供应链解决方案（UPS Supply Chain Solutions）	8,923
8	现代格罗唯视（Hyundai Glovis）	8,588
9	德斯威（DSV）	8,170
10	瑞士泛亚班拿（Panalpina）	7,358

所谓的“一站式服务”或综合的、多功能的 3PLs 的出现，常常归功于 3 个因素。第一个因素是物流战略重要性的提高。通过在 20 世纪 80 年代和 20 世纪 90 年代流行起来的准时制（Just in Time，JIT）库存系统和高效消费者响应（Efficient Consumer Response，ECR）等战略举措，企业寻求托运商组织所没有的先进物流专业知识和能力。出于这种需求，传统的物流服务提供商，如仓库运营商、运输承运商和经纪人，将其服务组合扩展到综合的、一站式的多种服务。

支持这种服务发展的第二个因素是物流业的大规模放松管制，尤其是美国运输部门放宽了管制。1980 年出台的 MCA-80 有助于仓储公司更自由地从事运输业务，同样，也有助于运输公司提供更广泛的、一体化的物流服务。此外，MCA-80 让创意和创新进入了物流行业，在此之前，物流行业经历了近一个世纪的日益严格的监管。放松管制也被认为在美国以外的环境中激发了类似的市场自由，并在这些不同的环境中促进了外包物流服务的发展和采用。

促进 3PLs 增长的最后一个关键因素是 21 世纪日益激烈的竞争和全球化。蓬勃发展的世界贸易催生了更长和更复杂的供应链，这反过来又催生了对世界各地更好的物流服务的迫切需求。例如，印度的哥印拜陀和孟加拉国的吉大港等城市就有小型生产基地。然而，在这些地方，物流基础设施可能相当原始。外包给这些工厂的主要零售商和制造商正在利用其与大型 3PLs 的关系来控制海外供应商的物流方式。同样，在亚洲、非洲和东欧等迅速发展的地区，日益繁荣的经济催生了蓬勃发展的消费市场。欧洲、美国和日本的大型制造商希望扩大在这些地区的活动，为新的消费主义浪潮做好准备。为此，他们经常通过专业的 3PLs 进入这些市场。因此，可以将 3PLs 归为两大类：基于资产的和非基于资产的。

基于资产的 3PLs 拥有并运营用于满足物流需求的供应链要素。这些提供商通常拥有仓库、支持设备，最重要的是拥有诸如运输卡车之类的公路设备。他们直接向托运商推销其服务，并试图在供应链中利用自己的要素，例如自己的运输工具和仓库。他们承诺为客户提供服务，并通过执行服务来直接对客户负责，包括对货物超量、短缺或损坏的赔偿责任。

与基于资产的 3PLs 不同，非基于资产的 3PLs 不拥有管理运输所需的资产。因此，非基于资产的 3PLs 不会提供有形资产（如卡车、拖车和仓库）的使用，而是提供其技能和专业知识来为所有这些活动寻找最佳供应商，与这些供应商谈判合同并实施解决方案。本质上，非基于资产的 3PLs 更像运输顾问，而不是实际上的货运商。但是，必须区分经纪人和非基于资产的 3PLs，因为非基于资产的 3PLs 通常对因货物丢失和损坏引起的货物索赔和赔偿所产生的损失承担主要责任。至关重要的是，必须在与非基于资产的服务提供商的所有合同服务安排中达成这样的共识：这些服务提供商最终会将工作分包给基于资产的 3PLs。

对基于资产的 3PLs 与非基于资产的 3PLs 之间的优缺点有相当多的争论。每个托运商都有不同的需求，因此没有一种方法适用于所有的托运商。在选择基于资产或非基于资产的 3PLs 时，大多数托运商通常会综合考虑以下因素。

（1）成本。最终，托运商选择 3PLs 的首要原因之一是（当前和将来）能够以最低的成本尽可能有效地为客户提供服务。因此，对于大多数托运商而言，由 3PLs 提供的潜在成本的节省是整个决策框架的一个重要考虑方面。 鉴于基于资产的 3PLs 拥有运输要求所必需的部分或全部实物资产，因此他们有时可以提供较低的仓储和运输成本。他们自己设定价格并且不向第三方支付费用，例如汽车 / 铁路承运商或仓库运营商。如果基于非资产的 3PLs 在运输和仓储能力方面没有购买力，托运商更会选择基于资产的 3PLs。

（2）灵活性。由于第二个原因，即灵活性，基于资产的 3PLs 有时享有的优势可能被否定。基于资产的 3PLs 使用自己的资产如卡车、拖车和仓库来运送托运商的货物，因此他们有时会受到他们所能提供的解决方案范围的限制。但是，非基于资产的 3PLs 可以与托运商一起确定最佳的解决方案，以满足托运商的需求。当然，规模足够大的基于资产的 3PLs 通常在自己的系统中具有充足的选择，能够满足托运商所需的所有灵活性，因此这一点就变得无关紧要。然而，从经济学的角度来看，发展扩张性的能力是要付出代价的。无论他们所拥有的各种资产是被充分利用还是被部分利用，基于资产的 3PLs 都要支付账单。因此，无论资产是否得到充分利用，基于资产的 3PLs 必须收取确保盈利的费用，这意味着灵活性是有代价的。

（3）连续性。基于资产的 3PLs 通常被认为比非基于资产的 3PLs 更稳定。这个观点有一定道理。目前 3PLs 创业的保证金仅为 75,000 美元，通常某些 3PLs 仅仅是一个小办公室，办公室里有一个骨干员工、一部电话，覆盖了互联网。由于缺乏准入壁垒，不可靠的非基于资产的 3PLs 很容易倒闭，留下未付账单和未服务完的客户。因此，在雇用非基于资产的 3PLs（尤其是新的 3PLs）时，托运商的压力有时会更大。

领头物流供应商 / 集成商

3PLs 市场在不同运营地区的爆炸性增长，催生了同时与多个 3PLs 建立关系的企业。例如，截至 2013 年，宝洁（Procter & Gamble）和沃尔玛分别与 50 多家 3PLs 保持着合作关系。这些 3PLs 通常负责管理运输网络中的不同细分市场。这一现象在某些行业中更为普遍。例如，杂货零售业务以高度区域化的供应网络而闻名，这可以更迅速、及时地采购各种地方特产。 在这种情况下，杂货公司高度分散，并在各自服务的市场中通过 3PLs 运营不同的企业系统。

这为新型货运中介提供了市场：第四方物流服务提供商（Fourth-Party Logistics Service Provider，4PLs）[1]，有时也称为集成商。4PLs 是一种物流管理服务，它本身不会涉及或运营物流服务。相反，它代表供应商管理着多个 3PLs 和货运提供商。因为该术语很新，所以该术语本身的含义有些模棱两可，而且在一段时间内可能都会是如此。在本书中，我们更倾向于遵循以下定义：负责协调一系列物流服务提供商运作的物流中介机构。显然，4PLs 是一种高度专业化和复杂的运输中介，不是许多企业（尤其是中小型企业）立即需要的中介。

领头物流供应商（Lead Logistics Provider，LLP）是服务提供商的一种独特形式。与 4PLs 不同，LLP 可以是积极管理货运的基于资产的提供商。LLP 是托运商的主要合作者，但它雇用了其他承运商和物流服务提供商来开展业务以支持托运商。这样的安排在汽车制造业的内部是很常见的。汽车制造商通常会雇用一个大型 3PLs 作为 LLP。该 LLP 负责协调入库物流系统，安排零部件生产流程。该 3PLs 自己执行一些操作，其余部分则由其他人租用，并负责整个入库系统的性能生产。在世界各地的时尚、电子、制药、化学制造和分销领域也有类似的安排。

货运代理商

要了解谁是货运代理商[2]，我们需要同时探讨其专业定义和所提供的服务。美国联邦汽车运输安全管理局（Federal Motor Carrier Safety Administration，FMCSA）对货运代理商的定义是，向公众公开的个人或

1　埃森哲最初创造了术语 4PL，并于 1996 年将其注册为商标。

2　在某些国家，货运代理商被称为清算和货运代理（C&F）。

实体（管道、铁路有轨车或水上运输工具除外）提供运输财产的服务，以获得日常业务的报酬，其在日常业务中从事下列活动。

第一，组装和合并（或提供组装和合并）运输，并执行（或提供）货物分装和配送。

第二，承担从收货地到目的地的运输责任。

本质上，货运代理商是物流服务提供商，充当托运商和承运商之间的中介，并且可以为托运商执行多种不同的活动。首先，大多数货运代理商采用某种方法将客户的货物存储在自己的仓库或附属仓库中。除存储货物外，货运代理商有时还可以对货物进行分类、合并和分装；与运输公司协商运费，以保障客户的利益；向货运公司预订货物；准备运输文件，如提单。

需要注意的关键点是（这是货运代理商与其他中介机构如货运经纪人的区别），货运代理商有权签发自己的提单。此外，在美国，货运代理商对托运商的货物损失和损坏负有主要责任，就像承运商一样。这意味着，从最初收货到最终交付货物，货运代理商对货物负有全部责任（和义务）。此外，他们作为货运中介的特殊地位意味着他们负责向承运商付款。因此，实际上，货运代理商是货运业务的真正中介，他们作为托运商面对承运商，又作为承运商面对托运商。这就是为什么货运代理商必须提供至少等于承运商要求的最低承保金额的货物和责任保险的原因。

在美国，货运代理商需要在 FMCSA 注册。一些货运代理商可能还隶属于国际航空运输协会（International Air Transport Association，IATA）等组织。通常，货运代理商与海洋货运商和空运承运商都有联系（尽管有些货运代理商专门从事这些类别中的一种）。由于其强大的购买力， 他们通常可以为客户节省大量成本。他们还可以协助客户为运输选择合适的承运商并处理支持文件。因此，从托运商的角度来看，货运代理商与运输公司之间几乎没有什么区别。确实，有时托运商将货运代理商视为替代的运输公司。[1]

第三方物流服务提供商和货运代理商的区别

鉴于我们之前对 3PLs 和货运代理商的讨论，按逻辑接下来要讨论的问题是这两者之间是否有区别。传统上，这两类服务供应商之间的区别是很明显的：货运代理商使用空运和船运方式将货物从一个机场运送到另一个机场或从一个港口运送到另一个港口，而 3PLs 负责仓储和配送。然而，随着时间的推移，这两者之间的区别越来越模糊。传统的货运代理商已经开始提供更广泛的服务，并将自己更名为 3PLs。其中的主要区别在于：在类型上，3PLs 能比货运代理商提供更广泛的服务。

两者区别在于，首先，货运代理商是专注于运输物流的专家，并且他们提供一些额外的服务。其次，3PLs 通常是通才，他们帮助客户搬运货物，但他们的关注重点不仅在于货物的搬运，还提供一些额外的服务，例如在运输过程中存储货物、处理货物、从运输工具中取走货物并为每个客户包装货物和贴上发票，以及提供渠道可见性等一系列其他活动。货运代理商通常专注于供应链中较小的环节，而不是尝试优化整个供应链。最后，3PLs 既可以是基于资产的，也可以是非基于资产的，但在传统上，货运代理商仅是非基于资产的（尽管情况正在发生变化）。因此，两者本质上的区别在于，货运代理商对供应链的运输方面的关注面较窄，而 3PLs 则更为广泛。

1　可在 Forwarder 公司的官网上找到货运代理的目录。

货运经纪人

在考虑货运经纪人（Freight Broker）和货运代理商时，人们会产生很多疑惑。货运经纪人是指除汽车承运商以外的个人或实体，或汽车承运商的雇员或代理商，他们利用出租的运输工具提供实际的卡车运输服务，以卡车形式运输属于他人的货物。但是，货运经纪人对货物不承担任何责任，通常也不拥有货物。

可以用这种简单的方法来理解该定义：如果允许实体签发提单并承担其所运输货物的责任，则该实体不是货运经纪人。换句话说，与货运代理商不同的是，货运经纪人不允许在承运商领域中以自己的名字签发提单。（如果货物是由货运经纪人而不是货运代理商安排的，则应在提单上注明实际承运商的名字。）此外，货运经纪人对任何货运索赔概不负责，仅能帮助转交此类索赔（如果有的话）给承运商以进行处理或赔偿。最后，货运经纪人不为货物提供任何保险。因此，货运经纪人仅仅是连接托运商和承运商的渠道。

由于货运经纪人对货运承担的责任要比货运代理商少得多，因此进入这一行业的壁垒通常也较低。货运经纪人必须在美国联邦公路管理局（Federal Highway Administration）注册，并缴纳一笔数额为 75,000 美元的保证金或信托基金。此外，货运经纪人必须对每笔货运交易记录至少保留 3 年。这些记录必须显示托运商的姓名和地址、汽车承运商、提单号或货运单号、货运经纪人的赔偿金额，以及与每批货物或其他活动有关的任何非经纪服务的说明、货运经纪人收取的任何运费金额以及付款给承运商的日期。

小结

总之，运输管理领域中的服务提供商有着多种形式和名称。这些术语有时会让人混淆。在与不同类型的供应商一起制定服务安排时，供应链经理必须弄清楚这些术语，这一点至关重要。如前所述，服务提供商根据服务形式不同承担不同的责任。了解和负责任地承担风险是运输管理中最重要的问题之一。因此，在运输交易中正确认识这些差异是至关重要的。

本章的主要内容如下。

（1）私人运输最常见的形式是通过私营公路车队进行。

（2）合同承运在大型托运商中很常见，因为他们有经常重复的需求和相当大的运输量。

（3）导致 3PLs 兴起的因素包括对物流、放宽管制和全球化的日益关注。

（4）3PLs 可以大致分为基于资产的提供商和非基于资产的提供商。

（5）选择 3PLs 通常是基于对成本、灵活性和连续性的考虑。

（6）集成商 /4PLs 是新兴且不断发展的中介。

（7）货运代理商不同于货运经纪人和 3PLs，这 3 种服务提供商都可以满足托运商在供应链运营中的独特需求。

参考文献

[1]Penn State's Smeal College of Business. Wal-Mart's New Transportation

Strategy. *Business Casual.* June 7, 2010.

[2]John Edwards. Private Fleets: Your Own Private Ride. *Inbound logistics.* September 2006.

[3]Thomas M. Corsi, Ken Casavant and Tim A. Graciano. A Preliminary Investigation of Private Railcars in North America. *Journal of the Transportation Research Forum*, 2012, 51（1）:53–70.

[4]Joe Lynch. Capgemini's 2012 3PL Study Provides Great Insights. *The logistics of logistics.* November 6, 2013.

[5]Josh Bond. 3PL Customers Report Identifies Service Trends, 3PL Market Segment Sizes and Growth Rates. *Modern Materials Handling*. July 22, 2013.

[6]Patrick Burnson. The Top 50 Global and the Top 30 Domestic 3PL Providers. *Supply Chain* 24/7. March 17, 2013.

| 第二部分 |

运输管理

本部分从客户角度看待运输，包括对设计物流网络、选择服务和评估绩效的见解。内容包括战略形成、技术部署和国际供应链运营。

“运输管理概述”介绍托运商在管理运输业务时所面临的决策，关注运输是如何与物流和供应链管理领域中的活动和决策相联系。

“运输技术”关注信息技术在运输中的作用，重点介绍在货运中发挥作用的几种技术。

“运输在物流和供应链战略中的作用”关注不同物流和供应链策略，包括精益物流、供应商管理库存，以及协同运输管理等。

“运输与全球供应链”关注国际运输在全球供应链中的作用，介绍基本的运输方式及其对国际贸易运作的重要性，并详细介绍已标准化的全球贸易术语和相关的重要文件。

“运输与可持续发展”关注运输在可持续供应链管理中的作用，探讨使交通运输更具可持续性的潜在解决方案。

05

运输管理概述

本书的第一部分为理解运输决策所涉及的领域提供了基础，并概述了托运商可以使用的一些服务。我们了解了各种运输方式、运输运营的经济学以及不同的服务形式。在本章中，我们将概述托运商在管理运输业务中所面临的决策。这些决策的范围从与网络设计相关的战略决策到如何最好地装载运输车辆的战术考虑。只有在业务动态发生变化时，如追求新市场或现有市场中的货运量发生变化，才会偶尔出现网络设计决策。此外，每次装运都要进行装载准备和路由决策。本章介绍了这一系列决策，重点是运输如何与物流和供应链管理（Supply Chain Management，SCM）领域中的活动和决策相联系。对于高绩效企业和供应链而言，实现各种活动之间的集成是至关重要的。我们引入了一个决策框架，以组织决策流程，从而实现从战略性到战术性的决策。

做出战略意义的运输管理决策

在第 1 章“商业和经济领域的运输”中，我们确定了运输对企业的竞争力和成功的经济、战略意义。运输通常是所有物流活动中单项成本最大的，也是企业最重要的服务内容之一。优质的运输服务可以使企业成为可靠的供应商。服务欠佳表明该企业是应规避的企业。

鉴于与运输策略和运营相关的大量决策，以某种方式组织决策很重要。图 5-1 展示了一个决策流程，该流程首先涉及战略决策，例如网络设计和线路分析，然后在本质上变得更具可操作性。正如决策范围所表明的，更具战略意义的决策往往是宏观的或规模较大的，并会影响许多其他决策。微观决策的重要性并不低，但更多地侧重于特定的运输。接下来将详细介绍。

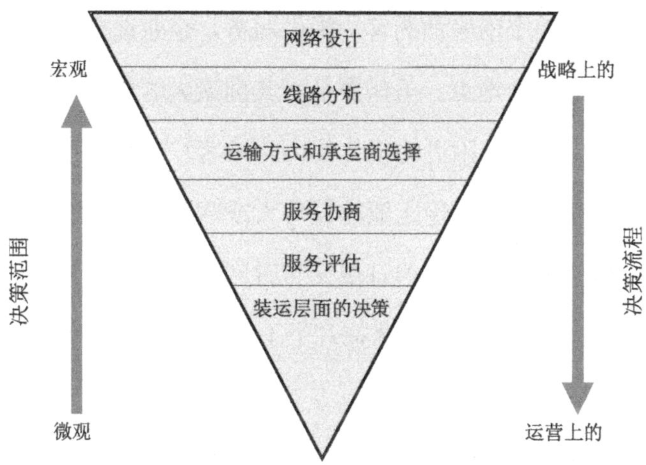

图 5-1　综合运输决策框架 [1]

网络设计

运输管理中最高层次的决策和分析涉及确定网络设计（Network Design）中设施的位置。该网络由托运商的一系列设施组成，无论是制造、分销还是零售。这些设施是企业在供应链中的实体机构，将企业与供应商（上游）和客户（下游）联系起来。许多企业也经营多层分销渠道，而该企业实质上是自己的供应来源或使用 / 消费点。运输也必须在这些内部供应链中进行协调。

在如此高的战略层次上进行决策的本质是实现最佳连接，以满足核心企业在业务入库方面的服务需求，并允许该企业以尽可能低的成本持续为下游客户提供服务。

一些企业将其库存集中化，这意味着他们将库存存放在一个或几个地点以服务大型市场。这使得确定放置库存的地点变得容易。但是，这也确实意味着，偏远地区的客户需要等待货物交付，他们可能会失望。例如，假设企业希望为整个南美洲的客户提供服务。企业选择将所有库存存放在巴西圣保罗的一个地点。圣保罗是南美洲最大的城市，处在南美市场的中心。在圣保罗及其附近的里约热内卢的客户都认为这是一个不错的选择。但是，在遥远的哥伦比亚的波哥大或智利的圣迭戈的客户可能不这么认为：他们将面临较长的订单交货时间（从下订单到交付所用的时间）。因此，大多数企业会选择在几个不同的地点储存库存， 以服务南美洲等大型市场。

企业平衡服务和成本已有很长的历史。许多人将网络设计的科学方法追溯到欧拉（Euler）提出的开创性问题，即“哥尼斯堡七桥问题”（Seven Bridges of Konigsberg）。尽管欧拉没能在普列戈利亚河上的 7 座桥都只能走一遍的前提下，走遍小镇（今天俄罗斯的加里宁格勒（Kaliningrad））上所有的桥，但他为使用图论（Graph Theory）分析运输问题奠定了基础。在 20 世纪，图论被网络分析的系统方法所取代。

由于设计的物理局限性，运输系统被认为是空间网络。运输系统通常由代表位置的节点组成。流或节点的流量通常由连接节点的弧线表示。

运输网络的类型

本小节具体介绍不同形式的运输网络。

（1）轴辐式网络——依赖于几个大型节点将流量导向并重新分配给较小节点的运输网络通常被称为轴辐式网络或星形网络。在极端情况下，一个 N 节点网络可以具有 $N-1$ 个链接，以将每个节点与中心连接起来。航空公司、铁路公司和货运公司在运营时使用轴辐式模型来获得规模经济效益。轴辐式模型允许轻松创建新节点（轮辐）并将其连接到中心。中心汇集来自较小节点的货运或客流量，并且中心的流量往往比较大，频率也比较高。这一模型最大的缺点是会产生瓶颈，即产生可能破坏网络的单点故障。将货物或乘客运送到目的地所需的时间比在点对点网络中所需的时间更长。空中客车公司利用轴辐式模型的优势，通过制造 A380 和 A350 型飞机，在全球范围内为乘客提供服务。

（2）点对点网络——对于点对点网络或网状网络，每个单独的节点都连接着其他每个单独的节点。N 个网络节点中的链接数最多为 $N\times(N-1)/2$。在运输网络中，只有在成本方面高效且承载大量流量的节点才相互连接。长期以来，西南航空公司都是点对点地连接航线。这种网络形式的优点是消除了大型中央枢纽，减少了旅行时间。这种方法的一大缺点是行程频率减少，并且很小的节点无法连接到更大的网络。波音公司依靠 787 型飞机来连接点对点节点。图 5-2 说明了轴辐式系统和点对点系统的区别。

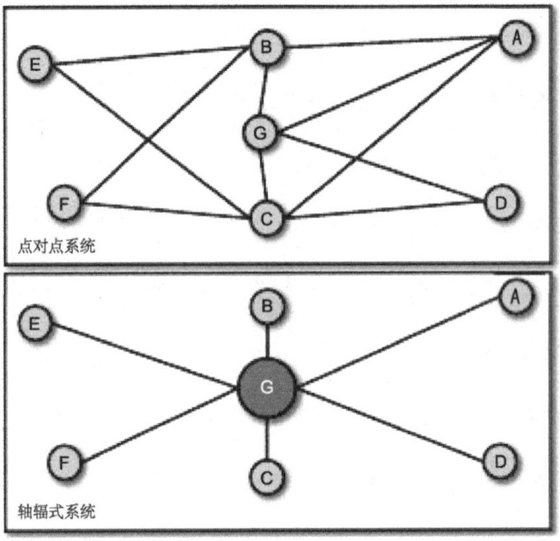

图 5-2　轴辐式系统与点对点系统对比[2]

（3）分布式网络——分布式网络由基于主要需求和供应均衡而连接的节点组成。这一运输网络的运输服务没有固定的路线或时间表，而是根据需求的可获得性和运输提供商的收入超过成本的能力，将货物和乘客从一个节点运送到另一个节点。海运和空运包租就是分布式网络很好的例子。分布式网络最大的缺点是无法提前准确预测需求，因此无法提前计划在节点上升级基础设施。

对网络进行分类的其他方法包括以流量为焦点的方法。

（1）向心网络——这些网络是在不同流的重心聚集到一个点时形成的。例如，华盛顿特区的重心位于购物中心附近，那里游客众多，政府所在地吸引着员工和企业。这往往会使城市流量呈放射状流动，从较小的节点流入较大的重心。

（2）离心网络——离心网络上看到的流类似于网格模式，没有特定的节点占据主导地位。纽约就是离心网络的一个例子，没有特定的链接支配交通，网格模式可以防止交叉路口的交通堵塞。图 5-3 说明了向心网络和离心网络的区别。

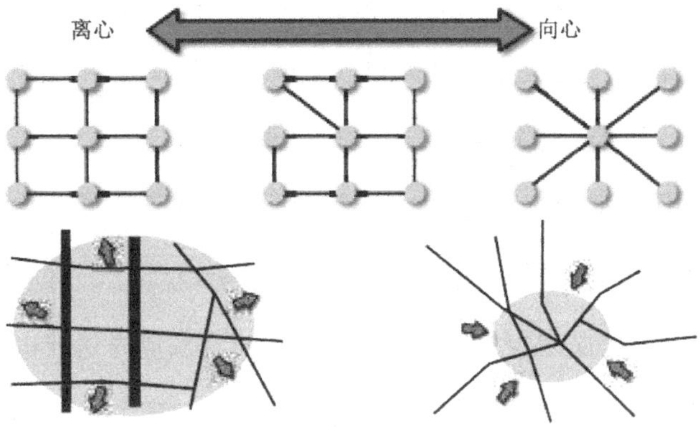

图 5-3 离心网络与向心网络

接下来介绍当前用于解决运输问题的各种模型。

优化模型

在解决运输问题时，特别是在一组起点和一组终点之间分配资源时，优化通常是首选方法。该模型的目标通常是降低从每一起点到终点运输资源所产生的成本。约束通常根据起点、终点、中间点和链接的容量来定义。使用优化技术的主要优点是能够在做出最佳选择之前评估所有可能的路由。其缺点是模型需要尽可能简单，以避免占用时间和成本来解决模型问题。而且，并不是所有的约束都可以准确地建模。

启发与模拟

通常使用“经验法则”或启发的手段来解决运输问题。将最有可能的结果建模为蒙特卡洛模拟（Monte Carlo Simulation）以建立一个基本场景，然后处理数据以查看流量大或流量小的情况以及其对时间、金钱和交通拥堵的影响。模拟产生的假设情景可帮助政策制定者和计划者预见一些网络中的缺陷并采取纠正措施。该方法的一个主要缺点是有“垃圾进，垃圾出”的危险：解决方案的完整性只取决于生成解决方案时使用的规则的有效性，错误的数据会使结果偏向错误的方向。

不管采用哪种方法，当实现并实施优化时，都会立即面临挑战。网络分析通常在单个时间段内进行（尽管分析可能需要几个月才能完成），并且鉴于业务的动态变化，曾经是最佳的设计在实施时可能也会有缺点。网络设计者通常会做出一个固有的假设，即过去发生的事情将持续到将来，或者他们会调整自己的预测以反映预期的数量和装运点。如前所述，许多企业采用启发和模拟作为评估替代网络设计的补充手段。但毫无疑问，一个企业所能做出的最重要和关键的决定包括两个方面：要在物流网络中设计多少个设施（节点）；在何处放置设施。长期以来，人们一直认为，在房地产行业中，取得成功的3个最重要因素是位置、位置、位置。SCM也是如此，因为它不仅会对业务服务和成本产生影响，而且还会向客户传递重要信息。关键客户经常要求企业在他们附近设置库存地点，并且企业自己的营销和销售组织也支持这一主张。但是，每个地点都会带来固定成本和运营成本。

然而，伴随着现代社会的复杂性加剧，解决方案出现了。3PLs为网络问题提供了灵活的解决方案。当今的3PLs通常愿意在必要时出现在托运商需要的任何地方。本质上，利用外包方的设施可以将网络转换为弹性网络。托运商可以根据需要更自由地进入和退出市场并使用更多或更少的空间。这些安排还将企业的设施固定成本转换为半固定成本和变动成本。

半固定成本与 3PLs 的保证相关联，3PLs 可能需要承担从托运商转移到服务提供商的固定成本风险。然后，3PLs 可能会在变动的基础上对提供服务的货运量和所进行的活动收取费用。

线路分析

确定网络后，注意力将转向设施之间的流量，包括服务于网络的供应商的流量、任何内部网络的运输以及流向客户的流量。这里要对网络设计进行测试。同样，前提是以尽可能低的成本提供客户所需的服务。

降低成本的一种方法是最大限度地利用车辆容量来支持流量。将半满（或装货更少）的车辆投入市场进行送货并不是运输设备的最佳使用方式。 同样，建议住所相近且到同一工作地点的人们拼车，以减少行程的浪费，这样既省钱又能减少交通堵塞。同样的想法也适用于货运。货运合并（Freight Consolidation）是合并装运以提高运输利用率的一种做法。合并有 3 种形式。

（1）车辆合并——在出库交付途中的多个停靠点合并多个客户的订单，或者在入库时合并多个供应商的货物。

（2）临时合并——提前或延迟订单的发货，以便在货物入库或出库时进行合并。

（3）入库 / 出库合并——协调收货和出库交货，以便在卸下入库货物后，可以使用同一车辆运送出库货物。

车辆合并可能涉及将多个 LTL 货运转换为 TL 货运。TL 承运商将对从起点到最远目的地的运输收取固定的费用。然后，它将收取中途停留以及任何为在中转地点中途停留而超出原路线的距离所产生的费用。这样做的问题是如何比较中途停留的 TL 运输的费用和多次 LTL 运输的总费用。此外，还必须考虑交货的时间和顺序，以使每次货运都能达到其承诺的交货时间。

当交付给一个小区域的单个客户或多个客户的订单是在不同时间的，其交付日期或时间也是不同时，临时合并比较有利。这通常会导致每个不同订单的出货量是不同的；但是，这些订单将有可能合并为一次运输，即使这意味着提前或延迟一个或多个订单。显然，承运商为了满足合并而改变了交货时间应告知客户。此外，收货人应批准预期的变更。在节省成本时考虑客户的利益是鼓励客户考虑合并运输的一种方法。

前两种形式的合并所面临的挑战是很难安排多个站点并确保能够实现对客户的所有承诺。想象一下，如果在合并的第一站出现了重大延误，那么这一延误很可能使其余的货物有错过交付时间的危险。因此，重要的是不仅要精确地安排交付时间，而且还要加强各个站点的交付纪律性。不幸的是，运输资产在交付点的及时周转通常超出了承运商的直接控制范围，因为承运商常常在卸货、完成交付和送驾驶员到下一站时受收货人的支配。考虑到这一点，托运商必须仔细考虑处在中间交付点的客户，因为这可能会影响后续地点的交付。承运商通常会很快学会在什么地方可以指望“急转弯”，在什么地方不能。然而，这表明，在确保新交付地点的可靠性之前，不应将其计入合并运输。

最后，入库 / 出库合并最常出现在 TL、铁路和海运（水运）承运商中。这些承运商专门进行点对点交付。点对点交付的意义在于，在将货物交付给客户之后，承运商通常必须前往另一个地点以从另一个客户那里收取货物。一辆车收取下一批货物要行驶的距离越远，承运商所承担的成本就越高。如果客户可以从承运商收货的同一地点发送货物，承运商将倾向于向客户提供折扣，因为其能从去程和回程中获得收入。折扣可能适用于入库或出库货运，也可能同时适用于这两者。TL 承运商尤其渴望为同时提供入库和出库货物的托运商提供折扣，因为他们是最有可能面临在下一个托运商地点的空车返回（无收入）的问题的。为了实现这种合并和折扣，托运商必须同时管理入库流和出库流。（如果供应商仅安排企业的入库交货，则将缺乏协调，导致不同的各方可能会分别为入库和出库的货物付费。）

请注意，这 3 种形式的合并不是互斥的。例如，可以设计一系列能够同时使车辆和时间进行合并的入库运输，而入库 / 出库合并发生在出库行程中。

为了说明这些合并形式，请查看表 5–1。它列出了运往俄亥俄州哥伦布市的一家工厂的几笔入库货物，并列出了从同一家工厂出来的相等数量的出库货物。

每批货的重量、承诺的交货日期和预期的服务形式均可在此表中查到。LTL 货物指的是重量小于 8,000 磅（在此示例中）的货物，预计将通过 LTL 承运商运输。8,000 磅或以上的货物通过 TL 承运商运输。在出库端，对于时间紧迫的交付，一些货运也被指定为 1–D（表示次日交付）和 2–D（表示两日交付）。对美国地理情况的深入了解有助于完成这项工作，正如了解所有入库货物或出库货物的运输路线一样是至关重要的。有了这种了解，就可以探索合并货物量和运输的可能方法。

表 5–1 找出合并的机会

起点城市	重量(磅)	承诺交付日	服务	终点城市	重量(磅)	承诺交付日	服务
田纳西州孟菲斯	14,000	3/27	TL	德克萨斯州圣安东尼奥	130	3/28	1-D
佛罗里达州坦帕	7,500	3/27	LTL	马里兰州巴尔的摩	110	3/29	1-D
德克萨斯州阿马里洛	4,800	3/28	LTL	亚拉巴马州伯明翰	6,000	3/29	LTL
密歇根州底特律	3,200	3/28	LTL	西弗吉尼亚州查尔斯顿	500	3/29	LTL
路易斯安那州什里夫波特	12,500	3/28	TL	俄亥俄州辛辛那提	9,000	3/29	TL
纽约州布法罗	26,000	3/29	TL	密苏里州杰克逊	2,400	3/29	LTL
伊利诺伊州芝加哥	19,000	3/29	TL	佛罗里达州杰克逊维尔	70	3/29	1-D
宾夕法尼亚州匹兹堡	18,000	3/29	TL	田纳西州诺克斯维尔	5,200	3/29	LTL
密苏里州圣路易斯	16,000	3/29	TL	西弗吉尼亚州查尔斯顿	9,500	3/30	TL
印第安纳州印第安纳波利斯	6,850	3/29	LTL	俄亥俄州代顿	110	3/30	1-D
密苏里州堪萨斯城	6,000	3/30	LTL	印第安纳州埃文斯维尔	8,000	3/30	TL
田纳西州纳什维尔	4,500	3/30	LTL	佛罗里达州迈阿密	85	3/30	2-D
密苏里州圣路易斯	14,000	3/30	TL	新泽西州纽瓦克	10,000	3/30	TL
印第安纳州印第安纳波利斯	10,800	3/31	TL	宾夕法尼亚州费城	125	3/30	2-D

若我们假设一辆卡车的最大载重量为 40,000 磅，那么我们可以确定几种合并的方法。比如，从密苏里州的堪萨斯城和密苏里州的圣路易斯运来的入库货物可以进行车辆合并，因为这两批货物均计划于 3 月 30 日在哥伦布交货。请注意，圣路易斯的货物已采取 TL 运输，重量达 14,000 磅。而堪萨斯城的货物重量为 6,000 磅，预计将通过 LTL 承运商运输。而我们可以考虑安排 TL 承运商到堪萨斯城装运小批货物，然后前往哥伦布。通过圣路

易斯时，承运商可以装运 14,000 磅的货物，然后继续行驶至哥伦布。承运商将收取在中间位置（圣路易斯）以及任何偏离路线的地点的取货费用，但此合并运输的成本可能会低于两次单独运输加起来的成本（堪萨斯城的 LTL 运输和圣路易斯的 TL 运输）。此外，堪萨斯城的货物通过 TL 运输可以更快地进行，因为这可以避免在传统 LTL 运输中对货物进行再处理（装载 / 卸载 / 再装载）的过程。由于每次触碰货物都会增加损坏的风险，这种再处理也可能会造成损坏。

向宾夕法尼亚州的费城和新泽西州的纽瓦克运输的出库货物出现了临时合并的机会。纽瓦克的货物重量为 10,000 磅，采用 TL 运输。但仍有足够的空间容纳向费城运输的 125 磅重的货物。预计这批货物不会采取两日交付运输，而是可以通过标准 TL 或 LTL 运输从哥伦布出发次日到达费城。企业经常在小批量运输时使用高级的当日、次日或两日服务，结果发现标准服务可以以更低的成本完成运输。情况就是这样：到费城的货物可能会和到纽瓦克的货物“一路同行”。与前面涉及堪萨斯城和圣路易斯的入库货物的车辆合并示例中一样，费城和纽瓦克的货运将使用一辆 TL 运输卡车，驾驶员将在费城停下来卸下小批货物。同样，可能需要支付中途停留和偏离运输路线的费用，因此在比较分析中必须考虑这些费用。此外，如果此交付改变了任一运输计划的原计划交付时间，则可以视为临时合并。这两批货物的交货日期均为 3 月 30 日。但是，为了确保较大量的一批货能在 3 月 30 日到达纽瓦克，可能有必要将费城的交货日期提前至 3 月 29 日，尤其是如果纽瓦克的客户希望在 3 月 30 日前交货。对交货日期的调整将使此合并成为临时合并。

如果卡车和驾驶员在将 TL 货物运送至哥伦布时，快速装运了要运回至入库货物始发地的出库货物，则可能发生入库 / 出库合并。同样，TL 的前提是卡车和驾驶员都回到了始发站。

承运商会回报这些在回程中为他们提供收入的托运商。3 月 27 日田纳西 州孟菲斯的入库货物似乎就是这种情况。卡车应及时到达目的地并卸货，然后装上要在 3 月 29 日运至俄亥俄州辛辛那提的出库货物。每批货物均应按计划调动 TL 承运商。如果客户要通过同一承运商进行来回运输，则承运商可能会给托运商入库和出库货物运输的折扣，特别是如果客户可以承诺定期提供这样的机会。请注意，出库运输的卡车和驾驶员不会直接返回孟菲斯，而只是中途到达辛辛那提。然而，即使这样的短途运输也为承运商提供了便利的收入来源。此外，它给承运商提供了一个机会，即在辛辛那提地区找到需要运至孟菲斯的货物，这将为回程提供另一笔收入。鉴于承运商在回程上经常面临不确定性，承运商会欣然接受在这些行程中获得收入的便利机会。

对货运合并示例的观察发现，通常可以合并两个以上的货运。仔细检查运输数据可以发现更多合并的机会，包括将许多不同的货物合并到统一的入库或出库运输中的可能性。[1] 货物合并必须考虑以下因素：运输的时间，以确保交付计划的完整性；允许不同货物共享容量的能力；对重量和容量限制的观察。因此，通常由经验丰富的运输专业人员借助信息技术，如运输管理系统（Transportation Management System，TMS）和装载计划软件，进行货物合并，他们可以根据这 3 个因素准确判断合并的可行性。

1 学生们已经在这些运输数据中识别出 20 多种不同形式的货运合并和班次轮换策略。当然，鉴于所涉及的停留次数和时间，某些合并可能会对服务产生负面影响。

合并是线路分析中最重要的考虑因素，目的是以尽可能低的成本提供客户所需的服务。但是，路线可能会随着供求地点和数量的变化而改变。例如，丰田公司为其入库物流服务设计了常规路线，其数量和频率基于丰田工厂的产量。当产量增加时，入库货物的数量和供应频率必须增加以支持不断增长的产量。相反，当产量下降时，入库货物的数量和供应频率会减少。作为标准做法，该企业及其 3PLs 会检查入库路线，并每年进行约 16 次调整（大约每 3 周 1 次）。这些调整包括在每个供应商站点收取的货物数量、取货频率或将供应商分配给不同的路线。良好的线路分析可以帮助企业发现改进服务和降低成本的机会。

运输方式和承运商选择

在网络设计和线路分析的讨论中，对运输方式和承运商选择的影响开始显现。企业所选择的运输方式和承运商决定了满足运输需求的方式。图 5-4 列出了企业在选择运输方式或承运商时要考虑的几个标准。就预期的运输时间（速度）和一致性（可靠性）而言，服务水平及相关成本在很大程度上影响了决策。

企业越来越关注诸如安全性等因素以及对承运商的声誉和财务状况等资质的考虑。在供应链风险管理时代，企业选择的承运商直接反映了企业本身的状况。法律的影响和社会的看法往往会使招标企业对在这方面所做的决定负责。因此，许多托运商选择保持或启动私营公路车队运营，以对运营保持更多控制。当雇用外部企业提供服务时，托运商会要求承运商保证将货物视为自己的货物。因此，托运商不仅要评估承运商的设备和操作能力，还要评估承运商对工作的承诺。

常见运输方式或承运商的选择标准	
运输时间可靠性	货物丢失和损坏
竞争率	加快货运
送货上门时间	操作人员素质
改变成本/服务的意愿	货运追踪
财务稳定性	调度灵活性
设备可用性	线路运输服务
服务频率	索赔处理
取货/送货服务	销售人员素质
	特殊设备

图 5-4　常见运输方式或承运商的选择标准

第 2 章“运输方式概览”中介绍了不同运输方式的相对优势和劣势。但是，差异并不总是那么明显。例如，不能想当然地认为要在 24 小时内移动 1,200 英里的货物必须通过飞机运输。在遵守 HOS 休息要求的同时，一个卡车驾驶员可能很难做到这一点，但是一起工作的驾驶员团队可以实现这一壮举。配备驾驶员团队可以让两名驾驶员分担驾驶任务。当一名驾驶员开车时，另一名驾驶员休息。这使卡车几乎可以不间断地行驶，并且在 24 小时内大大延伸了卡车的行驶距离。卡车运输公司正在积极招募个人参与团队驾驶。鉴于在路上要一起度过许多时间，已婚夫妇有时被视为此类安排的好选择。

中继网络（Relay Networks）正在引起广泛关注，尤其是在大型卡车承运商中。就像在田径接力赛中一样，一名运动员奔跑一段距离，然后将接力棒交给下一名运动员，卡车接力涉及将货物交给另一位驾驶员。一名卡车驾驶员一次轮班通常可以行驶约 500 英里。有了这一认识，卡车运输公司便将两个交接地点的距离设定为约 500 英里。

举例说明一个网络是如何出现在一家提供从马里兰州巴尔的摩到加利福尼

亚州安大略的横跨美国的TL承运商上的。承运商在70号州际公路上每隔约500英里设置一个中转站，70号州际公路是一条贯穿美国中部的主要的东西走向卡车运输路线。驾驶员在巴尔的摩开始了这趟运输，他先在巴尔的摩收取货物,然后向西前往第一个中转站(411英里外的俄亥俄州哥伦布)。到达哥伦布后，一个“新”驾驶员接替驾驶拖车，并继续向西行驶至417英里外的密苏里州圣路易斯。接力本身可能会涉及第二个驾驶员接管第一个驾驶员的拖拉机和拖车，或者将拖车切换为第二个拖拉机，这取决于拖拉机是否是驾驶员个人专用的。第二个驾驶员将货物运送到第三个中转站（堪萨斯州萨利纳），在那里进行类似的交接。重复此模式,直到接力完成到达最终目的地(加利福尼亚州安大略)。考虑到驾驶员必须要有休息的时间，该过程比只安排一个驾驶员的货运要快得多。当今这些中继网络特别引人注目之处在于，驾驶员能有更多经常回家的机会。传统上，驾驶员独自进行跨市运输可能需要一个星期或更长时间。在中继模式下，驾驶员通常一天外出行驶，然后休息，然后在第二天返回（如果有返回方向的接力货运）。这为驾驶员提供了大约每隔一天回家一次的机会， 这比传统的做法要好得多，更有助于招募新驾驶员。

在使用驾驶员团队和中继网络的情况下，卡车长距离行驶会比人们通常认为的快得多。事实上，可以认为，使用这些方法的卡车承运商可以有效地与在市场上提供快速、长途运输服务的航空公司竞争。[1]在铁路公司中得到高度重视的卡车 — 铁路 — 卡车联运服务也是如此。北美铁路公司已经设计了特定的铁路网络通道，以提供专门的联运服务，这意味

1　当然，卡车运输的局限性在于，如果没有多式联运或滚式装卸设备的支持，卡车就无法在水上行驶。因此，我们将这种比较限制在不涉及海外运输的单一陆地范围内的运输上。

着火车在铁路上会以更快的速度行驶，并且在始发地和目的地中转站的转运速度更快。在这样的安排下，由于铁路运输本身在长途运输上具有成本优势，多式联运正与长途卡车运输甚至航空运输展开有效竞争。

这些例子说明了“运输方式之间的模糊性”，即各运输方式展开有力的竞争以争夺运输市场的份额。由于运输方式的竞争会给市场带来新的服务，因此，我们不能想当然地认为会一直使用相同的运输方式来运输货物。实际上，用于选择承运商的两个最佳选项可能并不在同一运输方式下（TL 承运商 A 与 TL 承运商 B）。相反，TL 承运商 A 和多式联运服务供应商 C 可能会竞争这一业务。考虑到这一点， 假设给定的货物总是以相同的运输方式运输并不总是明智的。

为了对以不同运输方式运营的不同承运商的服务产品进行审查，图 5–5 提供了一种同时评估承运商提供的服务的方法，这种方法不考虑其运营的方式或类别。换句话说，该方法不是简单地评估特定运输方式下的 TL 承运商，而是可以考虑运营其他运输方式（如铁路运输、多式联运、空运或水运）的承运商，也可以考虑其他运输类别（如 LTL 或包裹）的承运商。该图表明，在输入客户服务及运输货物的要求时，如要运输的产品的特点（干式或温度控制、正常或危险、普通或高安全性等）以及对运输施加的成本约束，将会搜索已填充有可用选项的数据库。无论是何种运输方式，提供最佳选项的承运商都将被选中来提供服务。另外，该方法也可以设计为提供 5 个最佳选择，从而允许决策者在这些选项中进行选择。当新的承运商进入市场或现有的承运商更改其服务安排和价格时，可以将这些数据输入系统以获取可用服务产品的最新信息。如今的 TMS 可以为这一级别的决策提供支持。此外，承运商可以随时更新其新产品和价格，以确保数据库中的数据是最新的。托运商还可以输入绩效数据以追踪承运商的绩效，以便根据这些数据做出有关运输方式和承运商选择的决策。

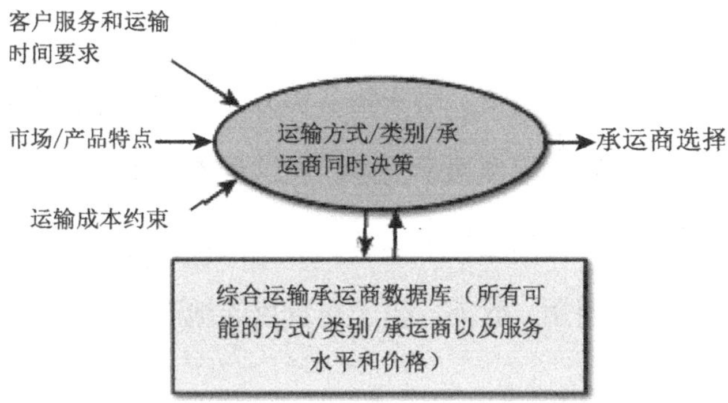

图 5-5　同时进行运输方式 / 类别 / 承运商选择 [3]

服务协商

关于运输问题的协商通常在两个不同的层次上进行：在第一个层次上，供应链中相互买卖货物的贸易伙伴必须确定哪一方将对交易的运输部分的哪些方面负责；在第二个层次上，负责雇用承运商（当不使用私营公路车队时）的一方将与承运商进行协商。下面具体介绍这两个层次的协商。

托运商与收货商协商

买卖双方开展业务时，他们不仅会就双方之间要交易的产品问题进行协商，还会就进行交易的方式进行协商。交易过程的重点是货物的运输。这个决定并不是小事。当发生问题时，例如延迟交货、货物丢失或损坏，承担安全运输货物责任的一方应负责。因此，买卖双方必须非常清楚谁应负责运输的货物，谁将支付运输费用。这些责任和规定将用销售条款或交付条款阐明。

图 5–6 说明了销售交付条款的基本类型。第一个决定与买卖双方在何处发生交易的决定有关。船上交货始发地是指双方之间的货物交易发生在卖方所在地的运输码头。当货物从卖方始发装运点设施装载到运输工具上时，它们的所有权便属于买方。在这种安排下，买方通常从此时开始承担货物风险，包括选择承运商、承担货物在运输途中的风险以及支付给承运商运输费用。此外，船上交货目的地通常会将这些责任和风险转移给卖方。

谁来承担风险，谁来买单？

	谁拥有货物所有权并承担运输风险？		谁付款给承运商？		最终谁承担运输费用？	
条款	船上交货始发地	船上交货目的地	预付	到付	退款	扣款
负责任的一方	买方	卖方	卖方	买方	买方	卖方

图 5–6　销售交付条款

在到付和预付的付款条件中，可以进一步区分谁向承运商付款，并对运输承担责任。带有预付条款的运输意味着由卖方支付运费并承担此费用，而不论船上交货的始发地或目的地是否确定。相反，到付条款意味着由买方支付运费并承担此费用。因此，在船上交货始发地以及到付条款条件下，买方承担与运输相关的全部责任、风险和成本。但是，在船上交货始发地以及预付条款条件下，货物交易在卖方所在地进行；买方承担货运的风险，而卖方则向承运商付款并承担运输费用。买卖双方通常会达成船上交货始发地到付条款（买方承担全部责任）或船上交货目的地预付条款（卖方承担全部责任），以避免混淆应该由谁来选择承运商、支付服务费用和承担与服务相关的风险等问题。但是，船上交货始发地预付和船上交货目的地到付仍然是可行的选择。

船上交货交付条款的最后一项规定为“退款和扣款”条款。“退款”可以添加到船上交货预付安排中的一项规定。在没有退款规定的情况下，卖方支付运费。在有退款规定的情况下，卖方仍需支付运费，但要向买方开具此项服务的发票或要求退款。至于“扣款”的条款，该条款允许卖方按照船上交货目的地到付条款在向卖方支付的金额中扣除运输服务的费用。图 5-8 明确解释了这些重要区别。

托运商与承运商协商

在自由市场环境下，托运商和承运商可以就所要提供的具体服务、与服务有关的保证和处罚以及服务价格进行协商。第 3 章介绍了服务的不同定价参数以及运输费率的表达方式。在这里，我们将协商的服务和关系结合起来考虑。我们首先研究托运商与承运商之间的关系的性质和预期持续时间。这主要取决于托运商是与承运商建立合同关系，还是选择以交易为基础建立关系。合同协议概述了两家企业在可能长达一年或更长时间中的几笔交易的服务期望、费率和业务关系，而交易协议则侧重于两家企业之间的单笔交易。正如预期的那样，为长期协议而进行的协商通常包括更多的准备工作和讨论，但我们也不能忽视单笔交易中客户服务的影响或潜在的责任。

合同费率与现货费率

托运商按照合同费率和现货费率向承运商购买运输服务。合同费率（Contract Rates）是指托运商和承运商之间商定的一定的时间段（通常为一年）内的服务价格。现货费率（Spot Rates）是为特定交易提供的服务的市场价格。据估计，美国有80%的货物是按合同费率运输的。托运商选择签订合同作为在较长一段时间内锁定价格的一种方式，以获得承运商提供的运力和商定的服务的承诺。合同阐明了双方之间的承诺以及交易双方适用的对违规行为的处罚。

大型托运商希望在向任何潜在买家提供的现货费率基础上大幅降价。与所有行业的购买情况一样，在市场上有很大影响力的买家可以因其购买力获得更大的折扣。在自由市场环境下，运输并没有什么不同。大型托运商也更有可能拥有私营公路车队或有财力建立私营公路车队。在与承运商的协商中，使用私营公路车队的能力对价格施加了额外的下行压力。相反，小型托运商在与承运商的协商中缺乏购买力和影响力。这种情况已促使许多小型托运商提议重新调节市场，在这种环境下，大小托运商的价格是固定的。尤其在人口密度低的地区，农业托运商会受到服务缺失和服务费率上涨的影响。而在ICC及美国州际运输费率局管理的时期，这些托运商是受到保护的。

合同条款

当托运商选择以合同方式雇用一个或多个承运商时，可能会涉及广泛的购买经验。企业有时会参与需求建议书（Request for Proposal，RFP）活动，以捕捉潜在服务提供商的想法及价格。需求建议书通常涉及邀请选定的承运商来审查企业的业务，包括现有的供应链运营、运输路线和业务量状况，鼓励服务提供商设计最能满足托运商需求的解决方案。此外，一些托运商会发出报价请求（Requests for Quotes，RFQs），其中详细说明了企业正在寻求的具体服务安排。企业不是寻求普遍的解决方案，而是寻求提供特定的运输和物流服务的最好的价格和承诺。

在需求建议书和报价请求下，竞争通常是盲目的，这意味着竞争者要在不了解竞争投标的规定或定价的情况下独立运作。竞争通常要经历两轮或两轮以上，因为托运商会缩小为获取服务而雇用的承运商的范围。承运商被鼓励在每次竞价中“提高”出价，从而提高服务质量并降低价格。许多大型托运商每年都参加报价请求（甚至需求建议书）活动。这样的频率使其每年的服务安排都有所调整。它还可以使承运商调整价格，向下调整以反映了解托运商业务的好处和市场中可能发生的经济紧缩，或者向上调整以反映为客户提供服务或经济中存在的任何通货膨胀因素。对于大型项目，托运商和服务提供商通常会签订多年期协议（通常是 3 年或 5 年的协议），协议中包括了一些允许在各方达成一致的情况下调整服务和价格的条款。

客户的购买力通常会影响其在市场上的说服力。鉴于发货量大和规模大，大型企业通常能够享受更具竞争力的价格和更高优先级的服务。因此，较小型的托运商必须以不同的理由吸引承运商，包括他们要运输的产品类型（如易于处理、存放，无害）、运营的线路（如提供回程机会）或一年中的运输时间（如在承运商需要货运的淡季运输）。吸引承运商的另一种难以量化的因素是经营业务便利性。当企业开展业务时，最终会涉及跨企业的人员一起工作。所有企业都必须确保盈利能力才能长期生存，但是对于对合作企业的成功感兴趣的企业来说，还有很多话要说。小型企业有时可以在此基础上吸引承运商。这可以通过几种不同的方式体现出来，例如为调度提供充足的时间、及时装卸货物以最大限度地减少等待时间、尊重承运商的员工（如驾驶员）以及及时支付货运费用。这些看似微不足道的礼节可以提升承运商眼中大大小小的托运商的地位。较小的托运商通常更注重这些态度和行为，因为他们的经营范围较小，并且能够在较有限的人群中灌输文化。

当托运商和承运商同意进行协商时，注意力将转移到具体的服务、条款和价格上。在服务方面考虑的是速度、数量、运输频率和服务的可靠性。托运商将关注服务提供商在这些方面的过往业绩，以确保承运商有满足需求的能力。同样重要的是承担责任、对每一方的责任有清晰的了解以及所有对 OS & D（Over（超出），Shortage（不足）and Defect（不良））索赔的限制。托运商还将关注承运商是否能满足可能具有的任何特殊需求，无论是运营方面的（如安全或温度控制）还是管理方面的（如有文件要求）。当注意力转向服务价格时，重点将放在基本线路运输服务的费用以及任何可能的附加费和额外费用上。

最后，需要确定合同的期限和性质。由于前面提到的原因，某些托运商与承运商的关系涉及多年合同。当托运商试图规划核心承运商项目时，尤其如此。这样的协议会确定一组战略承运商，这些承运商将负责运输托运商很大一部分的货物。其思路是，将这些货运量集中在少数几家承运商手中，以获得更大的折扣；作为交换，这些被选定的承运商将获得更大的货运量。托运商也期望从核心承运商那里获得更高优先级的服务。当运力紧张并且托运商为承运商的利益而竞争时，这一点尤其重要。鉴于对承运商的货运量承诺，核心承运商项目的风险包括失去以较低价格购买服务的自由。另一个风险是，可能会把信任交给无法或不履行服务义务的承运商，或者核心承运商随着时间的推移在运营和财务资质上变得薄弱、托运商没有现成的替代选择的风险。但是，通过对承运商的仔细选择和监控，核心承运商项目通常可以应对这些挑战。

在其他时候，托运商和承运商可能会签订年度合同或期限较短的针对特定项目的协议。例如，当托运商关闭制造工厂或分销中心时，它可能会与承运商或3PLs签约，以将所有货物从关闭的工厂转移到另一个地点。根据工厂的大小和所存放货物的数量，这种转移可能需要几天或几个月的时间。随着合同期限的延长，双方将就任何一方可能对他们之间的关系施加的任何特殊条款达成协议。这些条款可能包括服务、价格或付款条款的调整。最后，双方将就可能必要的任何提前终止合同的条款达成一致。由双方共同开展新业务的条款可能是一件令人高兴的事情，但是双方还必须确定应解除哪些协议，以及如何处理这些解除问题。虽然不可能设想出所有可能的情况，但双方应根据各自的经验来罗列在该协议中无法接受的服务、经济和关系上的不满。从更积极的方面来看，如果绩效超出预期，双方也可能会阐明双方可能获得的回报。这些问题将在下面的“服务评估”中再次讨论。

服务评估

在任何活动中，无论是业务活动还是其他活动，评估绩效都很重要。几句流行的话强调了这一前提：“如果不得分，那就只是在练习”“什么得到了评估，就得到了管理”“您得到的是您所检查的，而不是您所期望的”。这些观点在运输服务的管理中也得到了应用。需要评估服务各方面的绩效，以确保服务符合预期。然而，由于运输是一项广泛的商业活动，因此确定采用哪种评估方法是至关重要的。

考虑绩效的广泛维度包括安全性、服务绩效、成本和关系表现。托运商应尽可能地设计出可以在这些不同维度上进行追踪的衡量指标。在一定程度上，衡量指标是可以被量化的和验证的（如准时性、货损率和价格变化），托运商和承运商可以更好地就绩效达成一致。对于服务方面，其指标往往更偏向于定性，例如经营业务的便利性。投诉可以用频率来衡量，但是问题的性质和严重性可能很难用数字来表达。也就是说，即使是这些质量问题，也应努力通过主观评价量表以简单的数字方式加以表达。但是，当衡量指标缺乏定义时，即使是看似切实的衡量指标（如准时交付百分比）也可能出现问题。在一个例子中，客户声称托运商经常将产品延迟交付给客户的配送中心。托运商不同意此说法。最终，双方达成协议，观察卡车运送托运商的货物的过程。他们发现，当卡车到达配送中心的收货站时，托运商认为交付已经完成。但是，客户认为当卡车从收货站发出并到达码头进行卸货时交付才算完成。这一小小的理解差异导致了客户与托运商对交付绩效的截然不同的看法。如果要使用衡量指标来管理业务，则衡量指标的清晰度是至关重要的。

为了使评估系统易于管理，必须优先考虑用于评估绩效的衡量指标的数量。换句话说，意义不大且不太重要的指标无须在评估中考虑太多。实际上，许多企业应考虑消除不再有价值但仍需要时间来收集和报告的指标。在某些情况下，衡量指标甚至不利于做出恰当的决策，因为根据新的业务优先级，它们会分散注意力，使决策无效或被误导。托运商和承运商应被鼓励质疑自己使用的衡量指标，并不时调整衡量系统以反映业务中发生的变化。

表 5-2 为计分卡示例，托运商可以用它来评估承运商的绩效。这样的计分卡不仅有助于托运商评估不同的承运商，而且有助于直接与承运商沟通。这种性质的计分卡在评估材料供应商时非常常见——在评估运输公司等服务提供商时也越来越常见。表 5-2 中的计分卡可以每月收集一次，并与承运商共享，以及时沟通对所接收到的服务的认知。

表 5-2 承运商绩效计分卡示例

绩效标准	最高分	承运商得分	评论
运输时间一致性	20	18	撇开天气不谈，没什么大问题
满足交付	16	14	本月错过了4个交付期
设备可用性	14	8	制冷设备太少
费率竞争力	12	10	应该重新协商FAK
应急响应	10	6	代价高昂的调度错误（9/21）
无事故绩效		86	码头轻微损坏（9/3）
驾驶员礼貌		65	没有真正的问题
经营业务便利性		53	永远不能在同一人处办理好业务
账单准确性		54	96张账单中有6个（较小）错误
清理赔偿		44	本月处理了2项索赔
总分	**100**	78	需要解决人员和设备问题 按计划运行时服务很好

请注意，计分卡包含 10 个不同的绩效标准，并且这些标准具有不同的权重（通过不同的最高分体现）。运输时间一致性是示例中最重要的标准，对于托运商来说，承运商完成运输的时间与预期时间参数之间必须相符，这一点很重要。承运商得分是指过去一个月收集的有关每个绩

效标准的数据和观察结果的转换。评论栏中的简洁的陈述可以证明所给的分数是正确的。[1] 此外，托运商可能会制定与分数相关的规则。也许在100分制的评分中，低于80分就需要与承运商进行面对面的交流，以确定如何解决导致评分下降的问题。在当前示例中，设备的可用性和对紧急情况的响应似乎对托运商来说特别麻烦，并且可能需要进行根本原因分析以确定出现这些问题的原因和补救措施。

此外，许多托运商和承运商正在采用基于绩效的物流（Performance Based Logistics，PBL）计划，以回报提供优质服务的承运商。回报可能包括对未来业务或财务奖励的承诺。美国国防部特别积极地与物流服务提供商建立PBL关系，并且这种趋势在不断增长。然而，除了这些正式策略之外，其他托运商发现，仅仅通过"年度最佳承运商"奖项来表彰承运商提供的优质服务，就产生了很大的价值。这些是以低成本的方式来感谢承运商提供优质服务的方法，这会使承运商在两方面受益：一方面，承运商可能会在核心企业的未来业务中处于更高的地位；另一方面，承运商可以将该奖项作为其有价值的服务的背书，以赢得新业务。任何此类措施都是基于对托运商雇用的主要承运商的日常表现和纪律的衡量。

以上讨论着重于托运商对承运商绩效的评估，但需要注意的是，承运商也应评估托运商的绩效。他们需要问："我们是否达到了客户的期望？"这些期望包括之前对承运商提出的几个相同维度，包括安全性、经营业务便利性和经济性（付款）。对于当今的承运商来说，保留运输客户的计分卡并严格评估每个重要客户的绩效并不罕见。当托运商在争夺高绩

1　为了说明需要更多的理由，而不仅仅是这里所使用的几个词。

效承运商的注意力时，尤其是在运力受限的市场中，这样的评估是必要的。在这种情况下，如果希望通过某种方式限制服务的提供，则被视为“首选客户”或“优选客户”的托运商将获得优先权。

装运层面的决策

运输中最后一个层次的决策发生在每次装运时。这些决策通常发生在工作地点——装运码头和接收码头——以及两者之间。这需要高度关注流程，以检查要执行哪些工作以及如何执行这些工作。意识到所有计划和重要构想都是在这个层次上执行的也很重要。如果与执行相关的流程不能很好地执行最佳计划，那么最佳计划就一文不值。因此，许多企业在工作流程设计中采用了持续改进的方法，如精益和六西格玛。精益强调消除浪费，六西格玛强调流程的变化。它们经常被一起使用，因为在流程中有变化的地方，就会存在浪费。因此，精益、六西格玛在装运层面的运营和管理流程中得到了很好的应用。价值流映射和流程映射等工具则可以识别和评估工作流程中的缺陷。

此处我们不关注如何处理码头上的货物或如何操作运输设备的细节，而是关注做出明智的决策以提供码头和运输活动所需的信息。从使用路线指南指引运输人员在特定线路上选择承运商，到使用行程指示以安全地将运输车辆导航到正确的目的地，在运营层面，信息对于高效地执行工作至关重要。

但是，信息并不是在运营层面有效开展工作的唯一重要因素——雇用、发展和留住劳动力也很重要。超过80%的物流活动都超出监管范围。几乎所有的运输活动都缺乏直接的监督，尽管诸如全球定位系统和设备监控设备等迅速发展的技术正在改善这一现象。虽然有了这些进步，企业仍必须雇用和培养能胜任手头工作的人员，培训他们能安全、成功地完成工作，并保留这种必不可少的人才以保持连续性。这些一般原则对托运商和承运商均适用。

尽管与运输的运营方面（装运、运输、接收）也有关，但是有效的运输管理在很大程度上依赖于支持运营的管理活动。发生在任何运输活动之前、期间和之后的某些管理任务，都需要高水平的绩效，这样才能最终认为交易是成功的。这项活动的大部分重点集中在准确完成和共享运输文件上。表 5-3 说明了需要文件的基本运输支持活动。图 5-7 为在托运商、承运商和接收人之间运输交易中的典型信息交换的示例。

表 5-3　基本运输支持活动

	信息用户		
运输活动	**托运商**	**承运商**	**接收人**
交易前	采购订单信息 预测 设备可用性	提单信息 预测 取货、送货时间	提前发货通知 交付时间
交易中	运输状态	运输状态	运输状态
交易后	货运单 承运商绩效 交付证明 索赔信息	付款 索赔信息	承运商绩效 交付证明 索赔信息

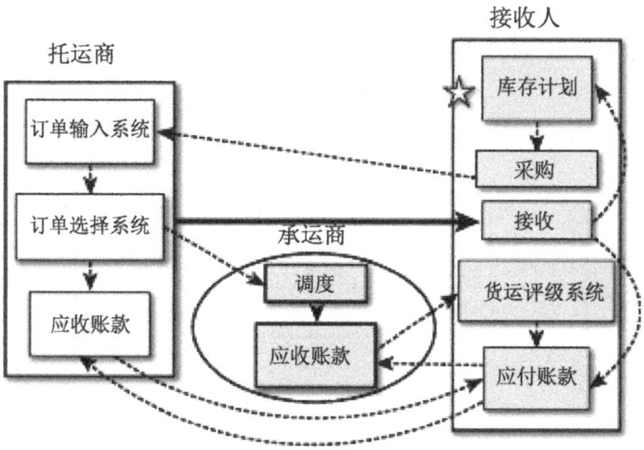

图 5-7　运输交易中的典型信息交换

运输文件

适当的文件记录是运输中极为关键（也是常常被忽视）的方面。文件需求根据运输的性质（如国际与国内）、货物的性质（如正常货物、危险品和易腐品）以及贸易伙伴（如向某些国家出口和从某些国家进口需要特殊文件）而有所不同。这就是为什么物流人有句流行语：“货物在纸张的海洋上运输！”鉴于流程的复杂性，托运商和接收人都必须确保文件的绝对清晰就不足为奇了。任何不匹配的信息都会给买卖双方带来极大的麻烦。

处理文件的时间和资源通常占所有货运总价值的 5% ~ 10%。（其中一些文件现在可以通过网络传输，因此在一定程度上减轻了文书工作的负担。）我们将介绍一些运输文件的要求（见图 5-8）。我们将从所有运输方式（国内和国际）通用的文件开始，然后介绍一些特殊情况下所需的特殊文件。

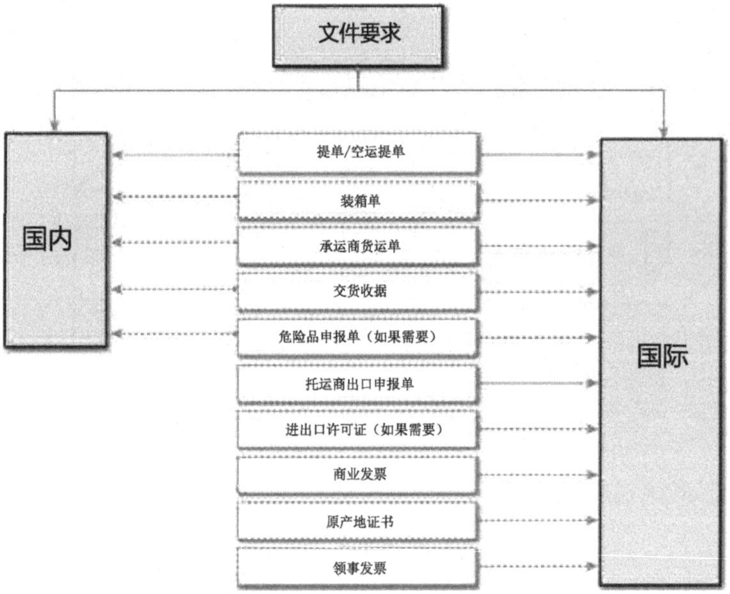

图 5–8　运输文件的要求

国内和国际运输通用文件

一些文件在国内和国际运输中很常见，无论货物运输是否跨越国家边界，都需要使用这些文件。

（1）提单（Bill of Lading，B / L 或 BOL）/ 空运提单——这可能是物流中最重要的文件。提单是货运公司签发的运输单据，用以确认某些指定的货物已装船运往指定地点，交付给收货人。（3PLs 和货运代理商也有权签发提单，但货运经纪人无权签发提单。）提单还有以下用途：它是海运承运商与托运商之间订立运输合同的证据；它是货物的收据；它是装运货物的所有权凭证。

提单还包含以下信息：运输公司名称及其注册信息；托运商的名称；订单与通知方；货物说明；货物毛重 / 净重 / 皮重；货运费率 / 货物的尺寸和重量 / 总货运量。

根据货物买卖双方的协商，提单可以是可转让的，也可以是不可转让的。可转让提单（也被称为指示提单）将指定货物的所有权转让给任何拥有提单的人。[1] 因此，可转让提单基本上可以被交易或出售给某人以换取有价值的东西（称为保理）。可转让提单上有“凭指示”字样，通常需要正本提单才能运送已装运的货物。不可转让提单（也被称为记名提单）不能交易，没有货币价值，除非它还赋予货物所有权。因此，如果货物是在记名提单下运输的，要拥有货物则不需要正本提单。当货物以空运而不是海运的方式运输时，提单被称为空运提单

（2）装箱单——是托运商需要准备的文件，其中列出了某一批货中货物的种类和数量。它还具有关于运输货物的每个集装箱的类型、大小和重量的详细信息。装箱单的副本通常用防水的信封装在货物上，另一份副本则直接寄给收货人，以便其在收到货物时检查货物。它也被称为包裹单。在国际运输中，装箱单必须与商业发票相匹配（稍后讨论），否则货物可能会在海关处延误数月。

（3）承运商货运单——是承运商向托运商、收货人或相关第三方出示的发票，以作为要求对所提供服务付款的证明。与提单类似，它是一种标准文件，其中显示了承运商的名称、承运商的参考编号 / 承运商标准数字编码（Standard Carrier Alpha Code，SCAC）、托运商的名称和地址、

1 可转让 / 指示提单在国内运输中很少见。

收货人的名称和地址、货物说明、费率、运费条款和应收的费用。

（4）交货收据——是承运商签发的文件，收货人在该文件上签名以作为收货凭证。它也被称为交付证明文件。承运商和收货人各自保留交货收据的副本。

（5）危险品申报单（如果需要）——托运商的危险品申报单是描述危险品（危险材料）和所装运数量的文件。该单据提供关键信息以传达可能存在的危险，以便安全运输和减少意外溢出或泄漏。该文件还必须包含以下信息：物料总量；通用运输名称的专业说明；紧急电话号码（由专业人员全天候接听）。

国际运输专用文件

当货物跨越国家边界时，就需要第二套且范围更广的专门文件。这些文件是对我们已经讨论过的文件的补充。

（1）托运商出口申报单——美国人口普查局通常要求在单个商品价值超过 2,500 美元或邮递货物总价值超过 500 美元时，对美国出口的货物需进行托运商出口申报备案。无论价值多少，所有需要出口许可证的货运或运往禁运国家的货物都需要进行托运商出口申报。托运商出口申报单有两个用途：它是美国的出口普查记录，政府可使用这些统计数据生成许多报告；它是一种监管文件。

以前，为了遵循这一要求，托运商必须提交纸质文件，但现在可以通过美国人口普查局的 AESDirect 网站和 AES 提交电子文件。成功完成出口申报并被受理后，托运商会收到一个内部交易编号（Internal Transaction Number，ITN）并把它填在货运商文件上，以应对政府代理商在货物起运前对货物的检查。

（2）进出口许可证（如果需要）——大多数出口交易不需要美国政府的许可证形式的特定批准，但有些则需要。通常由托运商自行决定产品是否需要许可证，并研究产品的最终用途。换句话说，托运商应对交易进行“尽职调查”。出口商应了解哪个联邦部门或机构对其计划出口的产品具有管辖权，这样他们才能知道此类产品的出口是否需要许可证。同样，进口许可证是允许买方将货物进口到该国的许可文件。通常，不需要进口许可证即可将货物进口到美国。但是，对酒类、烟草、动物、受著作权保护的材料、食品和手工艺品等产品有一些限制。请注意，许多其他国家 / 地区确实要求买方提供将货物进口到该国的许可证。

（3）商业发票——将应税商品运输到海外时需要使用商业发票。它可以作为一种海关申报单。发票应在托运商的公司信笺上填写，必须包含托运商公司完整的地址和电话号码，并且必须由托运商或其代理商签名。准确和完整的货物描述对海关来说是必要的。如果收货人与进口商 / 买方不同，发票上应注明。这个文件通常有 3 份副本：商业发票原件、一份附在运输文件中的副本以及一份附在实际运输中的副本。

（4）原产地证书——原产地证书是一种表明装运货物原产地的文件。请注意，原产地一词并非指货物发出国，而是指货物实际制造国。一般来说，只要货物价值的 50% 以上产自一个国家，这个国家就可以被认为是原产国。在进口国海关规例中，原产地证明有助将货物分类，以确定应缴付的税款。此外，它对于进口配额和统计也很重要。

（5）领事发票——领事化（Consularization）一词通常指获得另一个国家的领事馆批准的任何文件的做法。通常，领事文件上带有红色印章或缎带标记。已经领事化的商业发票称为领事发票。领事发票已经存在很长一段时间了，人们认为它可以简化贸易流程（减少通过进口海关的流程），但是它们的受欢迎程度正在下降，一些商品已不再需要进行领事化。

运输管理的两个领域需要特别考虑，这两个领域是处理危险材料和国际运输。鉴于其固有的风险和确保安全、高效地运输货物所需的专业知识水平，这两个领域的人员经常需要进行其他培训以获取专业知识。如上所述，与运输相关的准确文件记录是至关重要的，对于国际运输而言尤其如此。

与一般的运输和商业活动一样，技术提高了信息交换的便捷性和效率。此外，信息技术还提供决策支持帮助，以提高决策的速度和质量。图 5-9 说明了信息技术影响决策行为的一些不同方式，从宏观到微观不等。如图 5-9 所示，信息技术可以在决策框架的所有层次中发挥关键作用，从提供战略分析（例如网络设计和形成合并货运）到在装运码头做出决策（例如与运输构建和排序有关的决策）。

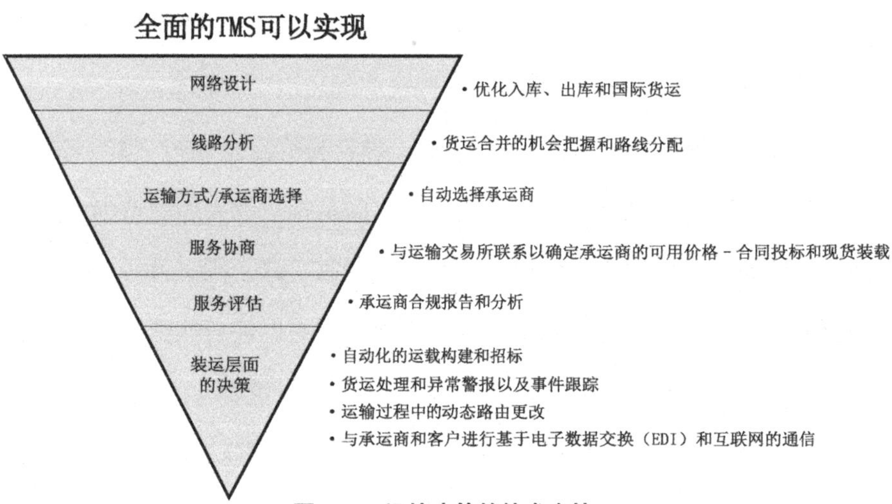

图 5-9　运输决策的技术支持

小结

第 6 章将更深入地介绍 TMS 和相关技术，这些技术有助于减少不确定性并为运输决策提供依据。

本章的主要内容如下。

（1）运输管理影响着核心企业的许多方面以及其与供应商和客户的互动。因此，运输必须与其他职能一起在综合、整体的基础上得到管理。

（2）运输管理决策应从最具战略意义的层面流向运营层面，以确保以最有效的方式满足业务优先级要求。

（3）战略决策指导运营行动，而运营能力会影响企业可用的战略。

（4）在运营层面的决策和行动最终决定了企业运输管理的有效性。

（5）支持运输活动的文件必须准确、及时，以确保在交付时充分体现运营的全部价值。

参考文献

[1]Stank, Theodore P. and Thomas J. Goldsby （2000）. A Framework for Transportation Decision-Making in an Integrated Supply Chain. *Supply Chain Management: An International Journal*, Vol. 5, No. 2, pp. 71-77.

[2] J.J. Coyle, E.J. Bardi and R.A. Novack （1994）. *Transportation*, Fourth Edition. New York: West Publishing Company, p. 402.

[3]Stank, Theodore P. and Thomas J. Goldsby （2000）. A Framework for Transportation Decision- Making in an Integrated Supply Chain. *Supply Chain Management:An International Journal*, Vol. 5, No. 2, pp. 71–77.

06

运输技术

根据定义，供应链包括进出所有参与实体的信息流及物料。许多（即使不是大多数）供应链的问题是信息流动不畅、信息不准确、信息不及时等造成的。在每个供应链环节中，信息必须得到适当的管理。信息系统是整个供应链之间进行沟通和协作的链接。它们是将供应链组织连接到一个统一且协调的系统中的基本要素之一。在当前竞争激烈的环境下，几乎没有人怀疑信息和 IT 对于 SCM 的最终成功，甚至是生存的重要性。根据对 2,500 家大型和小型企业的调查，SCM 是未来 IT 投资（与销售和运营相比）最多的重点领域。如图 6-1 所示，更多的管理人员建议，与销售或运营管理相关的 IT 相比，与 SCM 相关的 IT 将在未来几年获得大量投资或“最多投资”。

沃尔玛、戴尔计算机和 FedEx 等世界一流企业的研究案例表明，这些企业已经建立了复杂的信息系统，并开始利用最新的技术发展和创新解决方案。表 6-1 展示了代表性的 IT 解决方案及其解决的问题。

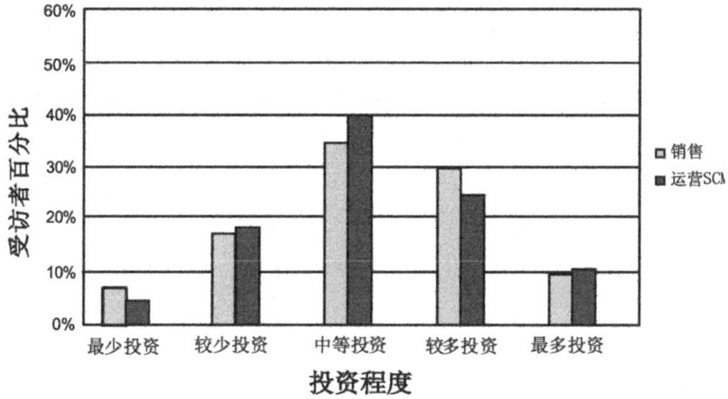

图 6-1　未来计划对关键业务功能的投资程度

表 6-1 SCM 问题的 IT 解决方案

SCM 问题	IT解决方案
线性处理缓慢	使用工作流软件进行并行处理
供应链缓解之间的等待时间过长	确定原因（决策支持系统软件）并加快沟通和协作（内联网，群件）
存在非增值活动	进行价值分析（SCM软件）；使用模拟软件
纸质文件递送缓慢	使用电子文档和电子通信系统,例如电子数据交换(EDI)或电子邮件
由于发货错误、质量差等原因导致重复流程活动	使用电子验证（软件代理）和自动化；通过电子控制系统消除人为错误
批处理；供应链流程之间累积工作订单以实现规模经济效应（如节省交付成本）	使用SCM软件分析；用数字化文件进行在线交付
延误发生后才发现或发现时为时已晚	使用跟踪系统进行延迟预测、趋势分析和早期检测（智能系统）
过度的管理控制，例如批准（签名）；批准人在不同的地点	使用并行批准（工作流程）和电子批准系统；分析需求
缺乏信息或信息流动太慢	使用互联网/内联网；使用软件代理进行监视和警报；使用条码，并从POS终端直接输出
运输材料不同步	使用工作流和跟踪系统；通过软件代理进行同步
协调、合作和沟通不佳	使用群件产品、持续监控、警报和协作工具
仓库发货延迟	在仓库里使用机器人；使用仓库管理软件
供应链的冗余；太多采购订单,太多处理和包装	通过网络共享信息,创建由IT支持的合作伙伴团队
因贮存时间过长造成零件老化	使用内联网和群件在内部和外部共享信息,从而降低库存水平

在运输方面，与技术相关的最重要的主题之一是运输渠道（以及整个供应链）中的信息共享。在运输渠道中使用 IT 的主要原因（但这绝不是唯一的原因）是为了改善沟通并减少并发问题，例如订单管理不善、预测不恰当、订购不恰当以及运输路线效率低下等。为了更好地理解这一点，

下面将探讨供应链的核心现象：长鞭效应。

了解技术需求：长鞭效应

长鞭效应（Bullwhip Effect）指的是供应链上订单的不稳定变化。宝洁公司最初在一次性尿布产品帮宝适（Pampers）中发现了这种效应。尽管门店的实际销售额相当稳定且可预测，但分销商的订单波动依旧很大，这给宝洁公司带来了生产和库存压力。一项调查显示，由于需求预测不佳、价格波动、订单批处理以及供应链中的定量配给等问题，分销商的订单一直在波动。所有这一切导致了各地不必要的库存、宝洁分销商订单的波动和不准确的信息流动。信息失真会导致严重的效率低下、库存过剩、客户服务质量差、收入损失和运输延误等问题。

长鞭效应并非宝洁独有。从计算机行业的惠普公司到制药领域的百时美施贵宝公司，都存在类似的现象。基本上，从渠道中每个环节的管理者的角度来看，甚至很小的需求不确定性都会被放大。如果每个不同的实体都在制定订购和库存决策时，考虑的是自己的利益必须高于供应链的利益，那么可能在整个供应链中多达七八个地方同时存在库存。在某些情况下，这可能导致多出多达 100 天的库存——为了“以防万一”。

因此，对于业务伙伴之间以及每个组织内部的各部门之间的信息共享来说，成功的 SCM 是必要的。必须利用 IT 工具使信息共享变得容易。宝洁和沃尔玛之间的信息共享就是最著名的例子之一。沃尔玛为宝洁提供宝洁为沃尔玛生产的每一件商品的销售信息。宝洁每天从每一家沃尔玛商店收集这些信息。通过监控每家商店中宝洁产品的库存水平，宝洁知道何时库存会低于触发发货行为的阈值。所有这些都是自动完成的。宝洁的优势在于可以获取准确的需求信息。宝洁与其他主要零售商也有类似的协议。因此，宝洁可以更准确地计划生产，避免长鞭效应带来的损失。1998年的一项行业研究预测显示，使用这种减少长鞭效应的方法，仅在食品杂货行业供应链上就可以节省300亿美元。实际上，当供应链的每个部分都获得关于实际终端需求的实时信息，并且库存管理决策得到协调时，整个供应链的库存水平（以及成本）就会被降低。

因此，企业可以通过信息共享来避免“鞭子的刺痛”。但这到底是什么样的信息呢？需求预测、销售点、生产能力、生产计划、促销计划和客户预测是这些信息的一些形式。此类信息的一个关键部分涉及运输渠道内产品的标识、可见性、位置，以及如何利用此类信息做出更好的车辆路线和负载平衡决策。所有这些做法都有助于减少信息失真和错误，并鼓励企业在供应链中做出更好的决策。

通过电子数据交换（Electronic Data Interchange，EDI）、TMS、路由和调度（Routing and Scheduling，R&S）系统、自动识别（条码和射频识别（Radio Frequency Identification，RFID））以及控制和监控系统（如位置监控系统和温度监控系统）等技术，在运输渠道中实现优化是可能的。其中一些主要是软件驱动的技术（例如EDI、TMS，在某种程度上还包括R&S系统）；还有的是硬件和软件驱动技术的组合（如自动识别、控制和监控系统）。

在本章中，我们将讨论许多这样的技术，但是首先我们必须了解技术架构的一个关键要素：托管系统（即本地托管和应用程序服务提供商（Application Service Provider，ASP））与软件即服务（Software as a

Service，SaaS）的对比。对这两个概念及其之间的区别有一个总体了解，是理解所有这些系统工作的重要前提。

技术架构的关键要素

现代企业有两种构建技术架构的主要方法：托管自己的服务器和系统，或从外部提供商那里获取技术支持。

托管系统（本地托管和 ASP）

托管系统通常意味着用户直接从发行商或供应商处购买软件解决方案 / 应用程序。更重要的是，买方将软件安装在数据中心或托管中心，在那里可以使用现实服务器或虚拟服务器。通常，这些服务器是自有的、租赁的或融资的。此外，托管中心可以是本地的，也可以是远程的。若托管中心在本地，则数据和软件都存储在本地；若使用远程托管，则数据将存储在异地。然后，买方实施解决方案并在业务环境中使用它。

对于支付流，买方通常会支付较大额的前期软件费用，按小时计或基于项目实施计费。还有可能需要支付托管中心的初始配置费，然后是每月租用 / 使用托管中心的设备、人员和带宽。长期持续的费用包括每月的托管费用、每年的软件维护费用（包括漏洞修复和版本更新），以及供应商或发行商的按小时计或按年计的电话支持服务费用。最后，买方可能每隔几年就要向供应商支付升级软件到最新版本的费用。如果软件是在本地托管的，其中一些费用可能会被取消（如租用该中心的设备和人员的每月费用）。此类系统面临的最大挑战是，对系统进行更改和升级通常比较困难（因为它们需要在并行运行的各种服务器上进行更新）。此外，升级常常是“修补性的”，因为升级往往是以“块”进行的，而不是连续进行的。

软件即服务（SaaS）

与托管系统相比，SaaS 应用程序通常是“多租户”的，SaaS 提供商在单个软件安装和数据库的基础结构上为多个客户提供服务。这意味着多个终端客户共享一个数据库，这些客户通过应用程序中的一个或多个安全模型彼此“分区”。

结果就是减少或完全消除了最初的安装和采购。因此，SaaS 几乎总是基于纯 Web/HTML 的解决方案，并通常以租赁模式出售，每个用户每月缴纳一定费用。这也意味着大多数用户可以使用互联网浏览器（如微软 IE 浏览器或火狐浏览器）访问这些应用程序，并且初始成本通常较低。以这种方式设计的应用程序也相对更容易按比例放大或缩小，更容易由主机管理，也更容易由客户进行自我配置。在其他条件相同的情况下，这种组合通常使买方更能负担得起 SaaS 应用程序，尤其是较小的应用程序。

从长期来看，SaaS 解决方案有时会更昂贵，尤其是在需求大规模扩大或用户数量大幅增加的情况下。然而，尽管存在这些问题，买方通常还是更喜欢真正的 SaaS 解决方案所提供的现金流管理优势，即使从长期来看它们会更加昂贵。例如，从现金流的角度来看，买方可能会发现，相比于前期支付 100,000 美元的采购和安装费，其更能接受每月统一向每位用户收取 250 美元的软件应用程序费（即使从长期来看该方式可能成本更高）。表 6–2 对我们讨论的 3 种模型进行了简单的比较。

表 6–2　各种技术架构的比较

	本地托管	ASP	SaaS
初始费用	高	低到中	低
长期费用	低到中	中	中到高
可扩展性	低到中	高	高
安全性	中到高	中到高	中
对技术专家的需求	高	中到低	低

电子数据交换（EDI）

为了促进跨组织边界及时、准确地交换信息，许多企业都开始使用 EDI 技术。但是，关于 EDI 还有很多内容需要了解。

EDI 概述

EDI 的正式定义是“在不同组织的计算机之间以标准格式进行的业务文档和信息的电子交换。”它也被称为电子交易（Electronic Trading）。

可见，EDI 是由至少两个贸易伙伴、一个计算机系统和一个通信网络组成的概念或系统。这样的组织间计算机网络支持跨组织边界交换计算机存储的信息。在这种网络中，采购订单和发票等业务文档可以通过电子方式交换（EDI 消息）。替代传统预印商业表单的常见 EDI 事务示例包括采购、物料预测、发货和账单通知。迄今为止，数据交换标准协会（Data Interchange Standards Association，DISA）已为 245 个事务集或 EDI 应用程序编写了标准。其中许多事务集与通用业务交换有关，但有些事务集是某些行业（运输、零售或医疗保健行业）特定的。

EDI 用机器可读的电子编码文档代替了人工可读的纸质或电子文档。使用 EDI 技术，发送方计算机可以创建消息，接收方计算机可以在无须人工参与的情况下解读消息。许多企业最早采用 EDI 的环节之一就是交换采购订单（Purchase Order，PO）。在处理 PO 的传统方法中，买方或采购代理通过标准的过程来创建 PO，具体过程如下。

（1）买方检查库存或计划系统中的数据。

（2）买方将数据输入购买系统的屏幕中以创建 PO。

（3）买方等待 PO 被打印出来，通常是在一个特殊表格上。

（4）打印 PO 后，买方将其邮寄给卖方。

（5）供应商收到 PO 并将其发布到订单输入系统中。

（6）买方定期致电卖方，以确定对方是否收到和处理了 PO。

将发送方和接收方所需的内部处理时间相加，然后再加上邮递的时间，这个过程通常需要 3 ~ 5 天。这一假定基于发送方和接收方都快速处理了 PO，然后在整个过程中的每个环节，在将数据从表单转录到系统中都没有发生错误。

现在，看看当企业使用 EDI 发出电子 PO 时的相同文档的交换过程。

（1）买方检查数据并创建 PO，但不打印。

（2）使用 EDI 软件创建电子版本的 PO，并在几分钟之内自动将其发送给卖方。

（3）供应商的订单输入系统接收到 PO，系统在收到订单后立即更新。

过去用纸和邮政系统交换 PO 大约需要 5 天，现在只需要不到一小时。通过在流程的大多数阶段取消纸张使用，EDI 可以改变传统的基于纸张的供应链业务流程。

EDI 的优势

EDI 的优势体现在速度和准确性两个方面。

无论是在产品从设计到加速推向市场的过程中，还是供应商对客户需求的快速响应中，速度都是成功的关键。提高速度可以在以下几个方面使企业受益。

（1）缩短产品改进或新产品交付的时间。数月甚至数周的市场优势会对盈利能力产生重大影响。

（2）事半功倍。裁员在许多企业都很常见，它要求聘请更少的人完成更多的工作。以电子方式处理数据交换对于企业的生存是至关重要的，它为员工提供了提高生产率的工具，同时减少了企业的开销。

（3）缩短交货周期意味着缩短交货时间和降低库存持有成本。

业务文档交换的准确性始终很重要。传统的纸质文档交换需要通过转录或数据输入来传递信息，而任何此类信息的传递都很可能在传递过程中出现错误。由于需要避免转录错误，因此通常难以提高速度。随着速度的提高，在过程中发生错误的可能性也会增加。通过提高速度而获得的优势很容易就被高昂的纠错成本所抵消。如果能提高传递到供应商和客户处的信息的准确性，就可以节省一些成本，为企业带来以下效益。

（1）提高了客户满意度。

（2）减少了检测或重新处理错误文档所需的开销 。

（3）降低了加快处理货物和服务延误或货物丢失的成本 。

EDI 的实施

包括大型制造商和零售商（如沃尔玛和塔吉特）在内的几家大型企业，甚至在考虑与供应商做生意之前，就开始要求供应商采用 EDI 方式。因此，对于许多企业而言，EDI 是关键的业务推动力，而不仅是竞争优势。传统的 EDI 应用程序遵循托管软件方法。但是，由于许多小型供应商的 IT 部门较小或根本不存在，因此寻找 EDI 解决方案、编写 EDI 映射、安装软件、进行集成然后维护它通常是很麻烦的。再加上 EDI 本身不是收入来源，这意味着许多小型企业在实施 EDI 时通常会拖拖拉拉。因此，许多较新的 EDI 供应商正在转向 SaaS 平台，而 EDI 是采用 SaaS 技术的关键领域之一。在 SaaS 模型中，希望实现解决方案的企业只需与 EDI 供应商联系并注册该服务。因为 EDI 供应商可以支持数千个大型贸易伙伴，所以它通常已经包含贸易伙伴所需的规范。图 6–2 列出了一些知名的 EDI 供应商。

一些知名的EDI供应商

（1）Covalent
（2）DiCentral
（3）First B2B
（4）Perceptant
（5）Redtail Solutions
（6）WeSupply

图 6–2 一些知名的 EDI 供应商

运输管理系统（TMS）

传统的货物运输需要花费大量的时间处理文书工作。供应商需要跟踪每一次发送给每个下游渠道合作伙伴的货物、收到的付款和提交的发票、海关和关税（如果有）、各种 FAK 的细分等。可以想象，运输部门经常很难把事情处理好，而且经常导致误发货物、放错发票，或者款项未按时提交或收到。所有这些都会导致渠道合作伙伴的不满。运输管理系统（Transportation Management System，TMS）通过简化一些活动来解决这些问题。

TMS 是一个多功能软件系统，可控制和管理运输渠道内的各种活动。使用 TMS 的目的是管理货运流程，帮助用户在所有运输方式下选择合适的承运商、评估运输、招标货运、打印运输文件、跟踪货物、为相应的运输方开具发票、审核承运商发票，并支付承运商运费。此外，该系统能捕获并传达与订单、装运、费率、合同、车辆、运输道路和路线等有关的数据。这也可以确保轻松对运输渠道中的活动进行追踪。因此，TMS 是一个帮助运输从业人员做出正确货运决策的系统。TMS 通常位于企业资源计划（Enterprise Resource Planning，ERP）系统和仓库管理系统（Warehouse Management System，WMS）之间（见图 6–3）。此外，一些企业选择让供应商访问 TMS 套件的某些部分，以简化预订和跟踪货运的流程。

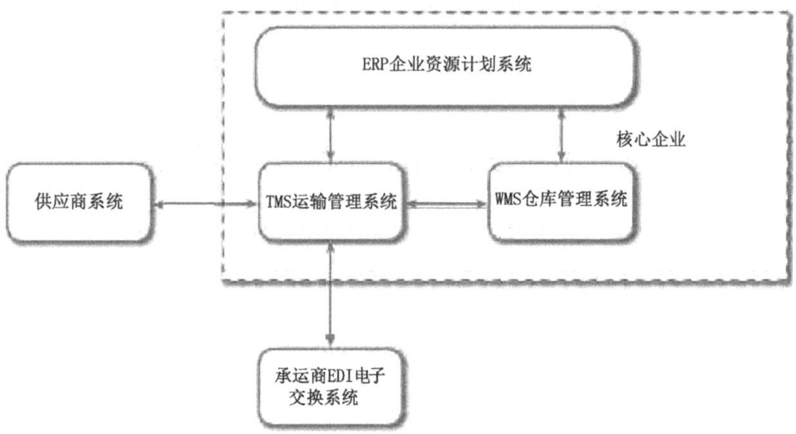

图 6–3　TMS 与其他系统的相互作用的 IT 配置示例

TMS 的优势

图 6-4 为典型的 TMS 示例。由于 TMS 软件的核心模块是软件的一部分，所以 TMS 提供的好处通常是减少劳动力成本并提高效率。典型 TMS 的主要模块包括让用户控制货运相关活动的模块，例如购买评级 / 评级、货运招标 / 承运商选择、路线和优化、货运追踪、货运合并、付款和发票、报告和计分卡，以及审计。下面我们将讨论其中的一些内容。

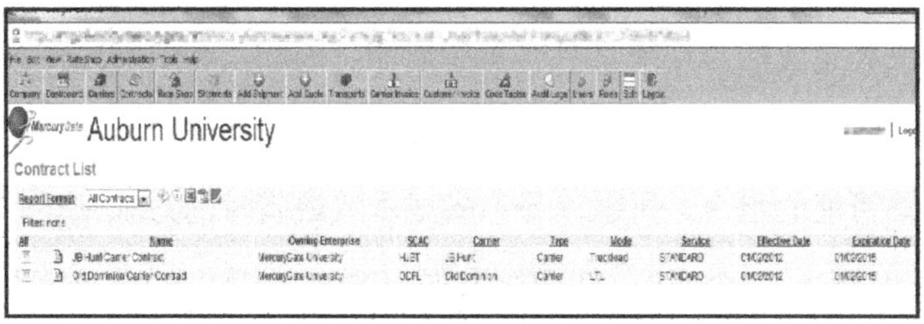

图 6-4　一个典型的 TMS 示例

（1）购买评级和货运招标——评级是一个好的 TMS 的基本内容之一。在没有 TMS 的情况下，货运管理如此烦琐的部分原因是承运商合同条款的巨大差异，尤其是在附属费用（如升降机门费和燃油附加费）或 FAK 合并方面。一家企业很可能与许多货运公司有关系，每个货运公司都有自己的附属费用和特定的线路收费方法。此外，某些承运商可能仅在某些路线或协商的车道上有运营资格。货运经理必须确定哪些承运商有资格运输特定货物并相应地进行招标，这一点至关重要。因此，为了让企业 / 货运经理做出准确的决策，TMS 必须能够在应用程序中创建和维护多个承运商、费率表、附属费和合同。图 6- 5 为 TMS 购买评级的示例。

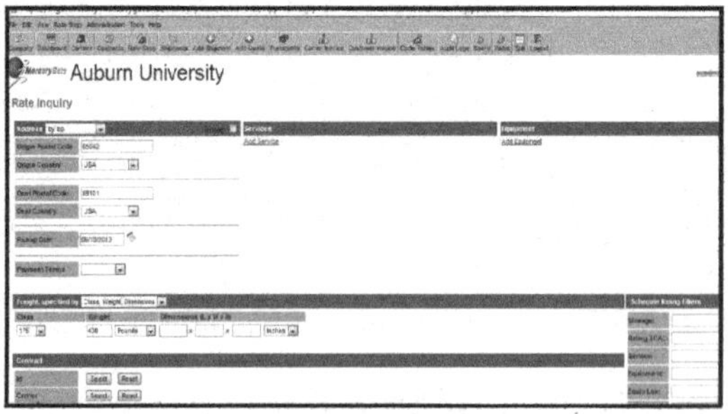

图 6–5　TMS 购买评级的示例

（2）路线和优化——正确规划交付路线对及时完成订单、提高客户满意度和企业的长期成功具有重要影响。因此，有效的路由和调度是 TMS 用户寻求的关键功能。 好的 TMS 会使用复杂的数学算法和优化例程来评估可能的组合，可以以最节省成本或最省时的方式来运行路线。一些 TMS 解决方案将这一功能作为核心 TMS 产品中的集成解决方案；另外一些则将其作为“附加功 能”。示例见图 6–6。

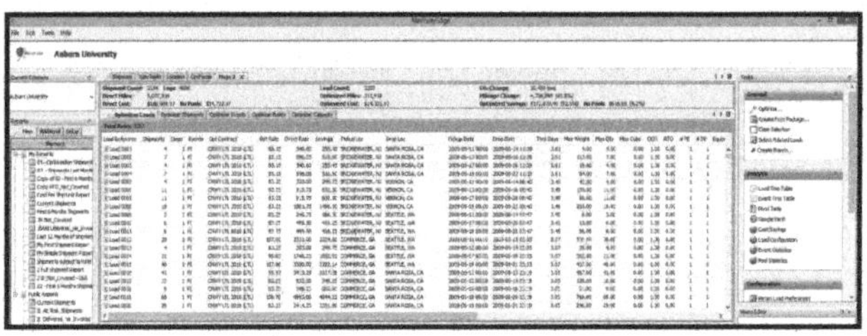

图 6–6　TMS 中的路由优化器的示例

（3）货运追踪——在运输过程中保持货运的可见性是运输管理的关键部分。可以使用 TMS 并结合全球定位系统（Global Positioning System，GPS）导航工具来监视货运的在途状态。此外，TMS 还可以通过系列货运包装箱代码（Serial Shipping Container Codes，SSCC） 来检索订单状态信息。TMS 中此功能的好处是向交易各方提供有关交付的详细信息（如果有，包括可能的延迟），并确保业务的顺利进行。最重要的是，可以在 TMS 中连接渠道合作伙伴（见图 6–3）以使所有合作伙伴都可以查看货运状态信息，而不必单独发送单个订单的运单号。

（4）付款和发票——TMS 可帮助企业减少货运单（承运人发票）的人工输入工作，从而加快付款和收款过程，并消除错误。TMS 用户的常见做法是通过相同的 EDI 消息以电子方式接收货运单（请参阅前文关于 EDI 的部分）。该发票直接从承运商系统传递到 TMS，并且不需要数据密钥。另外，如果承运商由于某种原因无法通过 EDI 传递货运单，则 TMS 通常会有一个 Web 门户，在该 Web 门户上承运商可以录入货运单（参见图 6–7）。

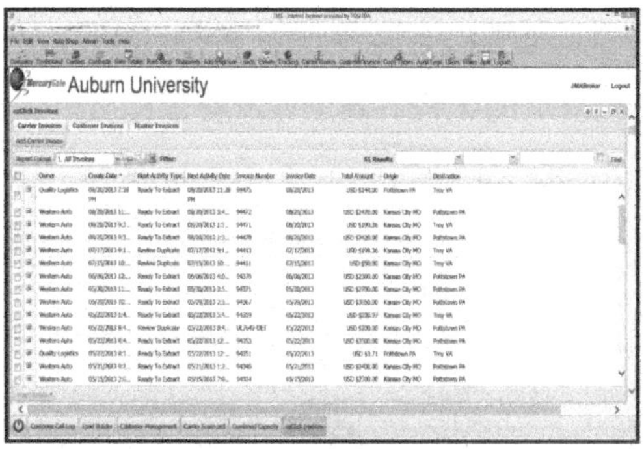

图 6–7　显示货运单的 TMS 示例

（5）报告、计分卡和审计——大多数 TMS 解决方案允许用户访问两种报告：运营报告和分析报告。运营报告使管理人员可以简化运输过程中的货物运输流程；分析报告使管理人员能够对运输公司的绩效、客户服务和成本进行评估。两种类型的报告都为货运经理提供了将来与货运公司进行协商的关键信息。

TMS 的实施

最初，TMS 是遵循本地托管或 ASP 架构的授权应用程序。除了使用中的系统的维护和升级成本之外，通常还需要大量的硬件支出，这使 TMS 解决方案超出了许多小型企业的承受范围。在某些情况下，SaaS 模式已经压倒性地成为大多数商业 TMS 供应商的“首选”模式。在此类应用程序中，用户通过互联网登录由 TMS 供应商维护的服务器。该应用程序驻留在该服务器上，并由软件提供商维护。用户根据以订阅或交易的方式付费。

向这种服务模式的转变，大大增强了 TMS 对小型企业的吸引力和可接受性。实际上，据估计，全球 TMS 市场规模现在已超过 6.5 亿美元，年增长率约为 10% ~ 11%。这种增长很大一部分可以归因于大多数主要 TMS 供应商所采用的 SaaS 模式。但是，许多商业 TMS 供应商都支持多种架构，包括 SaaS、本地托管的架构和 ASP。例如， MercuryGate TMS 允许用户选择自己喜欢的架构，甚至可以在采用后再进行更改。 图 6–8 显示了 SaaS 架构中 MercuryGate TMS 的登录页面。

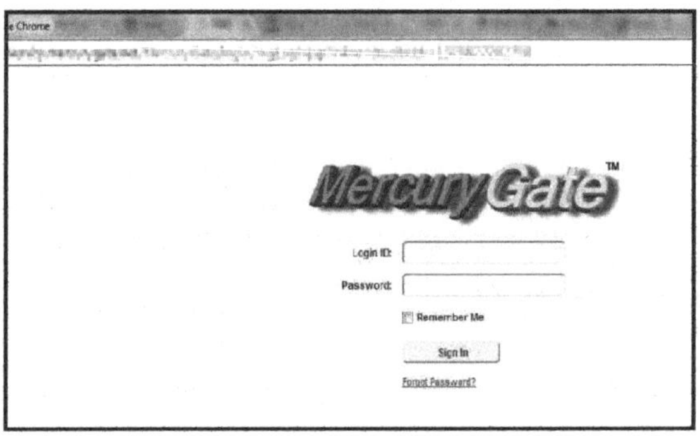

图 6–8　MercuryGate TMS SaaS 的登录页面

TMS 市场上有两种截然不同的服务提供商。一种是专门提供独立 TMS 解决方案（如 MercuryGate TMS）的服务提供商。尽管这些服务提供商通常规模较小，但它们往往能为 TMS 提供高度专业化的解决方案。另一种类型的服务提供商是大型 ERP 供应商（如 JDA 和 SAP），它们提供附加的 TMS 解决方案，并将其作为更大的 ERP 解决方案套件的一部分。这些模式各有优点，用户在购买之前应该仔细研究哪种解决方案更适合自己的需求。图 6–9 展示了一些知名的 TMS 供应商。

一些知名的 TMS供应商
（1）AdvantageTMS （2）IBM Nistevo （3）JDA （4）LeanLogistics （5）MercuryGate TMS （6）TMW Systems

图 6-9　一些知名的 TMS 供应商

路由和调度（R&S）系统

由于每天都有大量卡车被派往各地，因此企业要提供优质的客户服务，同步就变得至关重要。路由和调度（Routing and Scheduling，R&S）系统可帮助许多企业确保订单将在正确的时间被交付到正确的地点。

R&S 系统概述

在过去的 10 ~ 15 年里，可能很少有交通运输领域的技术创新能像车辆 R&S 系统一样取得如此长足的进步。原因很简单：在 20 世纪 90 年代末，蜂窝技术仍然是一种新奇的技术，由于成本高，只有一些企业能使用。此外，基于软件的地图数据库才刚刚开始发展，而 GPS 技术还处于初级阶段，价格也相当昂贵。尽管有时可以使用路由软件，但诸如实时交通和天气状况等数据很难获得。通常，调度员的可用信息与驾驶员的地面信息（如交通和道路维护情况）之间的不匹配度非常高， 以至于驾驶员认为的最佳路线与系统认为的会出现不一致的情况，而驾驶员的判断通常更准确。这使调度员和交通管理人员很难确切地知道他们的车队在哪里，他们的路线是怎么样的。最后，考虑到货运量的波动，有效规划车辆路线几乎不可能。

现代的 R&S 系统使企业（尤其是托运商和分销商）能够在行车道上智能地分配车辆，在满足交付要求和提高客户服务水平的同时降低成本，从而有效地管理运输网络。R&S 系统通过帮助建立集订单、站点顺序和调度于一身的理想组合以及执行它的最短、最具成本效益的驾驶路线，以自动化方式提供全面的“路线优化”建议，这样既可以最大限度地提高车队资产的生产力， 又可以维持或改善客户服务的绩效。为此，此类系统使用了多种技术，包括实时动态地图显示、路由算法、车辆和驾驶员监控系统以及双向通信系统。图 6–10 展示了现代 R&S 系统的工作原理。

R&S 系统的优势

与传统的调度方法相比，正确选择和实施 R&S 系统通常可以节省 10% ~ 25% 的卡车、驾驶员和工时资源，并减少 5% ~ 15% 的总配送成本。当然，这些节省的确切程度取决于具体情况，并且取决于实施的 R&S 系统的类型、提供给系统的自治程度、系统采用的优化例程的实际性质（通常在每个系统中都不同，并且通常是一个严格保守的秘密）、实际考虑因素、实施的最初目的（如节省成本与提高服务水平）等因素。尽管各个供应商的 R&S 产品存在一些差异，但其中许多都会提供一些基本的功能活动。

（1）功能活动（F.A.1）（调度前）——R&S 系统提供的一项关键功能是对地址进行地理编码和计算路由。R&S 系统通过将地址与数字地图数据库中包含的数据进行匹配来帮助定位站点的纬度和经度；然后，确定通过站点之间的街道网络的最佳路径。因此，他们能够提供最有效的交付计划。他们通过使用专有的路由算法来解决车辆的路由问题，这些算法将站点分配给路线和终端、顺序站点，并在成对站点之间为车辆设定路线。此外，大多数 R&S 系统都可以以图表的形式显示这种优化路线的结果，以便调度员可以将日常路线计划传达给驾驶员、货物装载者等。

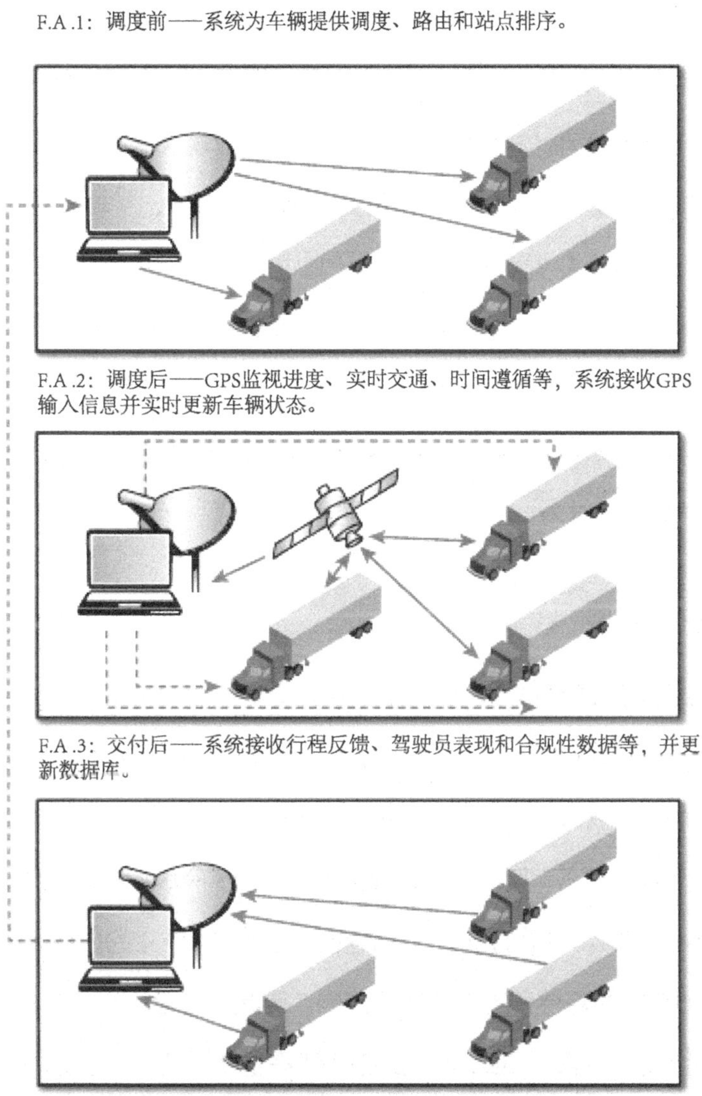

图 6–10　R&S 系统的工作原理

（2）功能活动（F.A.2）（调度后）——许多 R&S 系统能够监控诸如实时交通状况和驾驶员的法规遵守之类的情况，还可以与驾驶员进行实时通信。因此，就货物及其运输而言，R&S 系统通常能让企业拥有一只“空中的眼睛”。此类系统通常提供的可见的关键要素是远程监控车辆的能力。例如，如果卡车发生任何问题，无论是事故还是轮胎漏气，调度员都会立即知道该信息，并可以迅速安排服务，为其提供帮助。

（3）功能活动（F.A.3）（交付后）——与现代 R&S 系统连接的车载计算机通常能捕获关键信息，例如如何驾驶汽车、空转时间、紧急制动、开门等。企业可以在设备培训计划中适当地使用。例如，让驾驶员避免发动机空转对车队经理来说是一个挑战，因为空转会使发动机疲劳，并且这在某些地区是被禁止的。例如，在纽约市，车辆空转超过 3 分钟将面临 2,000 美元的罚款。R&S 系统捕获的数据有助于驾驶员制定培训计划以减少此类行为。

R&S系统的实施

正如我们所提到的，在过去的 10 ~ 15 年中，很少有运输技术能像 R&S 系统一样发展得如此之快。有人提出，自动化路线计划可以帮助企业平均减少 10% ~ 25% 的卡车、驾驶员和工时资源。此外，众所周知，通过实施 R&S 系统，服务车队的总配送成本可降低 5% ~ 15%，英里数和小时可降低 8% ~ 20%。当前的市场估计表明，R&S 解决方案的价格取决于各种因素，如车队的规模和所需功能的范围。因此，尽管传统的 R&S 实施是在托管系统上进行的，但 SaaS 模式似乎正在这个领域迎头赶上，一些较新的企业更喜欢使用这种方法。图 6–11 展示了一些知名的 R&S 系统供应商。

一些知名的R&S系统供应商
(1) DNAE volutions
(2) ESRI
(3) IBM ILOG
(4) MJC2
(5) Optrak
(6) Route Solutions
(7) Telogis

图 6-11 一些知名的 R&S 系统供应商

自动识别和数据捕获技术

为了节省时间并提高数据准确性，许多企业都开始使用自动识别应用程序以提高库存可见性。

自动识别和数据捕获技术概述

自动识别和数据捕获（Automatic Identification and Data Capture，AIDC）技术是一种自动识别对象、收集有关对象的数据并将该数据直接输入计算机系统的方法（无人为干扰）。通常，AIDC 涉及的部分运输技术包括条码技术和 RFID。

条码技术

无处不在的条码可能是运输管理中最常用的工具之一，也是人们想到高科技这个词时最后才想到的东西之一。然而，这个相当平凡（有时甚至是无聊）的供应链元素涉及大量技术。

条码的最初用途是识别有轨电车。当有轨电车驶过轨道旁扫描仪时，便会被识别，并据此读取目的地和装载的货物。但是，一段时间后，条码已有一些其他用途，包括销售点（POS）数据（通过 PC / EAN / GTIN）[1] 捕获、内部库存跟踪以及运输过程中的数据捕获。其中，从运输的角度来看，系列货运包装箱代码（Serial Shipping Container Code，SSCC）是最相关的，因此大部分讨论都集中在此主题上。但是，首先，必须了解条码背后的一些科学原理。

条码的最常见形式是线性条码，其中的数据通过一系列行和空格被编码为二进制代码（1 和 0）。线条的粗细和间隔不同，并且以不同的组合进行印刷。要进行扫描，必须正确打印代码，并且线条和空格之间必须有足够的对比度（这就是条码通常为黑白的原因）。扫描仪采用各种技术来“读取”代码。最常见的两种扫描仪是激光器和照相机。扫描仪可以固定在某个位置，就像大多数超市结账扫描仪或手持设备一样，它们通常被用于清点存货。

条码中的编码约定是多种多样的。在零售领域，最常见的编码约定是通用产品代码（Universal Product Code，UPC），它是许多国家（包括美国、加拿大、英国、澳大利亚和新西兰）用于标识消费品的编码约定。UPC 最常见的形式包含 12 个数字，这些数字被唯一地分配给每种项目类型。UPC 的前 6 ~ 9 位数字称为公司前缀，由非营利组织分配。此数字序列可以唯一地标识一家公司，并且在其所有产品上保持不变。下一组数字称为产品编号（Product Number）。产品编号唯一标识各个库存单位（Stock

1　通用产品代码 / 欧洲商品编号 / 全球贸易商品编号。

Keeping Units，SKU）。与非营利组织分配的公司前缀不同，产品编号由每个公司分配，不需要遵循特殊约定。最后一个字符称为校验数字（Check Digit）。使用某种形式的校验数字生成器，校验数字可以由 UPC 代码的前 11 位进行数学计算得出。

请注意，UPC 并不是唯一可用的条码形式。对于内部运营（非消费品），特别是内部库存盘点应用程序，企业经常使用其他类型的代码，例如代码 39。另一个在运输中得到广泛使用的常见编码格式是代码 128。UPC 和代码 128 之间的主要区别在于，后者是为了容纳字母和数字而开发的，因此可以支持字母数字信息。它在运输行业中被广泛使用，因为它可以用于编码运输标签和邮寄地址。（例如，使用代码 128 打印 USPS 交付确认标签。）大多数信息可以打印在一个代码 128 条码上（见图 6–12）。

图 6–12 代码 128 条码示例

系列货运包装箱代码：运输管理的特殊工具

SSCC 是一种数据编码和通信标准，旨在提供一个标准代码和符号系统，以便各方（包括制造商、运输商、分销商和零售商）都可以使用该标准来跟踪和追踪货物。SSCC 以代码 128 格式运行，旨在尽可能地支持分配系统中的各种应用程序。与通过 EDI 预先提供的装运信息结合使用时，SSCC 还可以支持诸如发货 / 收货、库存更新、分类、采购订单核对和运输跟踪等应用程序。

在最常见的形式中，SSCC是一种标准的编码系统，旨在识别和标记运输集装箱。就SSCC的目的而言，集装箱被定义为“在配送过程中的任何点上都不会永久地附着在另一个单元上的最小物理单元，因此，它将作为一个单独的单元由发货人或收货人进行处理。”SSCC的优点在于，可以使用适当的前缀（称为应用程序标识符）对几种不同类型的信息进行编码。例如，SSCC运输标签上适当的应用程序标识符可以通过简单地扫描与SSCC兼容的条码来识别信息，如货运的EAN/UCC货号、重要的可变特征（如运输中的物品数量、特殊的处理说明、有效期等）。SSCC特别适合识别特定于客户的产品组合，从而可以更好地跟踪从一个订单到另一个订单中的包装不同的产品，或者产品是在哪些地方挑选和包装以满足单个订单的，以及那些仍然需要进行标识的产品。

当SSCC与运输渠道中的EDI和TMS系统等应用程序结合使用时，SSCC的价值就变得非常明显。图6-13很好地说明了这一点。注意，在图中，实线表示货物的实际移动，而虚线表示信息的虚拟移动。整个过程可以分解为下面这些步骤。

（1）根据各种客户的要求，在制造商/供应商/上游渠道合作伙伴层面触发订单。

（2）根据订单准备集装箱。每个集装箱都有自己的SSCC。

（3）将集装箱装到托盘上。每个托盘都有一个唯一的SSCC。

（4）将托盘装载到卡车、有轨电车或其他车辆上，同时将SSCC信息传输到TMS。

（5）创建提单。

（6）包括 SSCC 在内的订单信息将通过 EDI 以预先发货通知的形式发送给客户。

（7）客户 / 下游渠道合作伙伴通过 EDI 接收 SSCC，并在收到后使用它来高效、快速地处理已发货的货物。

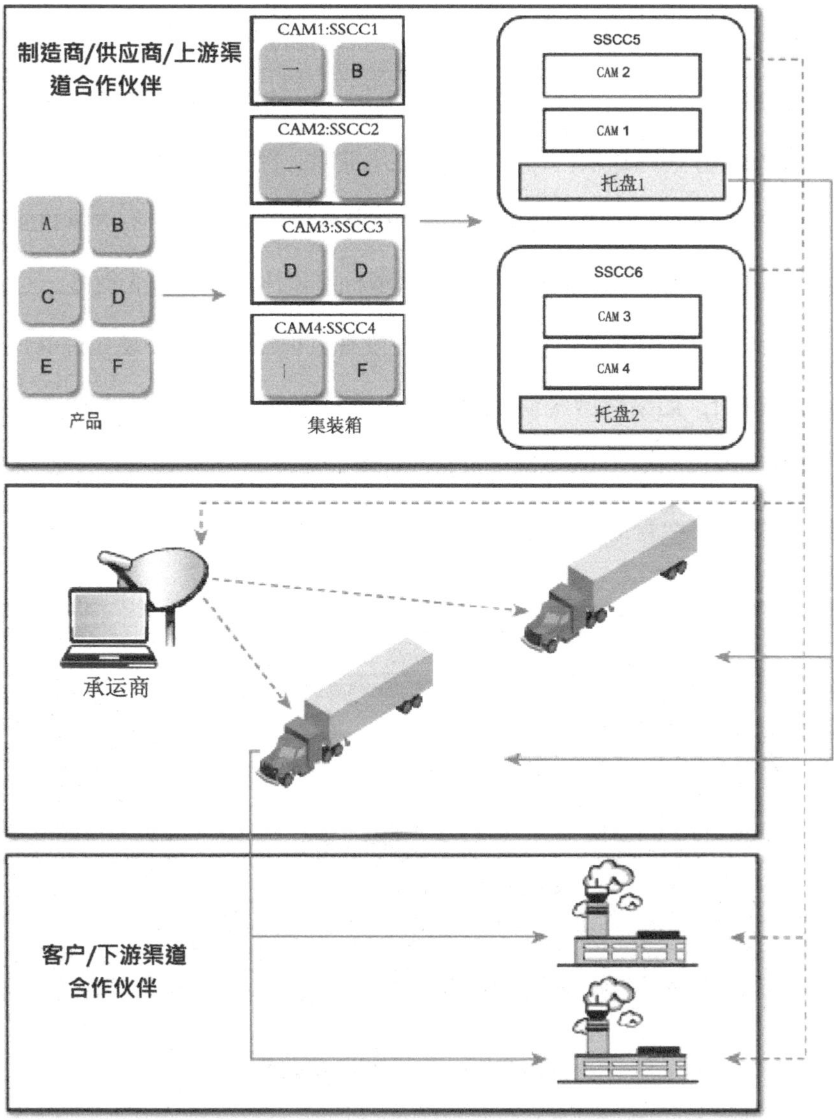

图 6–13　SSCC 在运输网络中的价值

射频识别技术

射频识别（Radio Frequency Identification，RFID）技术是一种自动识别方法，它支持通过专用标签存储和远程访问数据。重要的是，要注意RFID 技术的两种主要类型（有源和无源标签）之间的区别。当 RFID 标签配备电池时，该标签称为有源标签，该电池可用作标签电路和天线的部分或全部电源。无源标签不包含电池。它的电源由识别器提供。当无源 RFID 标签遇到来自识别器的无线电波时，标签内的盘绕天线会形成磁场。标签从中汲取能量，为标签中的电路供电。通常，有源 RFID 标签比无源标签具有更远的读取距离。有源标签也比无源标签大得多。图 6-14 为无源 RFID 标签的示例。你可能在没有意识到的情况下使用过 RFID 标签。例如，如果你曾经使用汽车挡风玻璃上的“通行证”支付过路费，则几乎可以肯定，你使用了 RFID 标签。安装在主要检查站（收费站）的识别器将检查通行证的合规性，并从你的账户中扣除相应的金额。

图 6-14　无源 RFID 标签示例

RFID 识别器通常只能读取小范围的频率。因此，几乎不会使用不同的频率来简化系统。目前市场上有 3 种流行的频率。每种频率都有自己的利基市场。最强劲的频率是 125 千赫，它可以穿透金属、水以及几乎其他任何表面。这种类型的芯片是最昂贵的，通常售价在 2~10 美元，它们通常只用于更大、更昂贵的产品。美孚讯通卡是 125 千赫芯片最常见的例子。在以每小时 100 英里的速度行驶的汽车中，其读取距离为 4 ~ 6 英尺。较便宜的芯片是频率为 13.56 兆赫的芯片，其价格约为 50 美分。它可以通过水但不能通过金属传输信号，读取距离仅为 3 英尺。目前使用的最常见频率是 915 兆赫或超高频（Ultra-High Frequency，UHF）。UHF 在户外的读取距离可达 20 英尺，但是它不能穿透水或金属。

RFID 系统的基本工作原理很简单，可以通过 3 个步骤来说明（参见图 6-15）。配备 RFID 的系统主要由 3 部分组成：RFID 标签、RFID 扫描仪和数据库。RFID 标签以一种被称为电子产品代码（Electronic Product Code，EPC）的特殊格式的二进制形式保存有关产品的关键信息。EPC 是零售商店中大多数零售商品所携带的基本 UPC 条码的扩展形式，它具有存储单个商品信息的附加功能。RFID 扫描仪打开时，会产生一个无形的电磁能量“气球”。落入此气球中的所有标签都将吸收该能量并被“充电”。由此，它们开始以存储在其中的数据形式反射能量。扫描仪接收该二进制数据，并将其输入数据库。

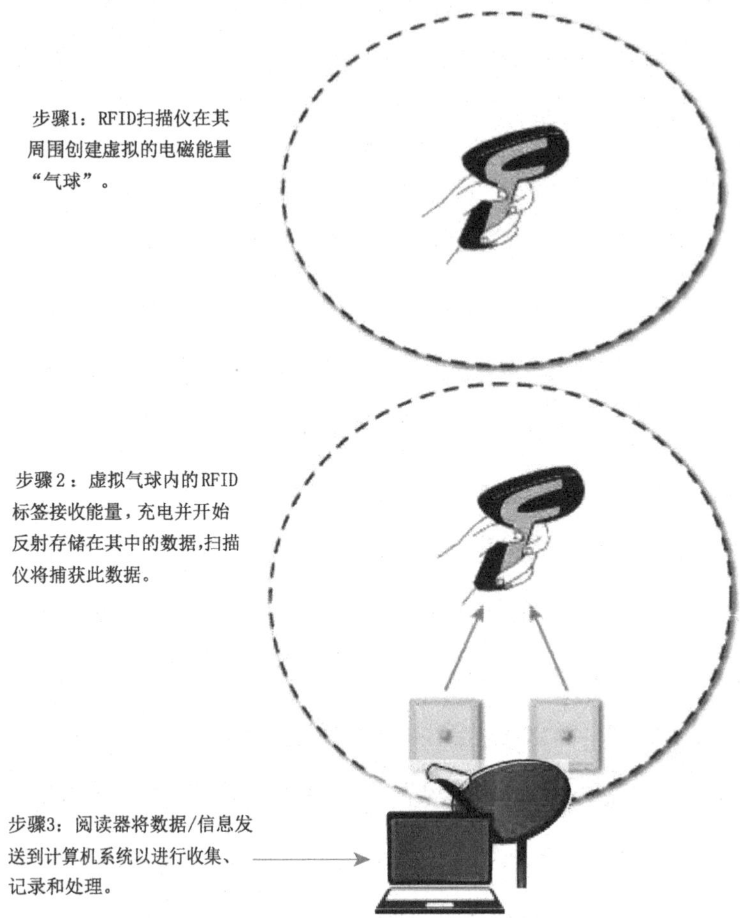

图 6–15　RFID 系统的工作原理

在北美，RFID 热潮兴起的一个重要原因是主要零售商向其供应商发布要求他们成为第 2 代兼容的指令。在这些零售商中，沃尔玛是最积极的倡导者之 一，它通过采用 EPC 来推动 RFID 的使用。其他例子包括塔吉特、百思买和史泰博。 沃尔玛于 2003 年 6 月发布了第一项指令：从 2005 年 1 月开始，要求其前 100 名供应商给货盘和货箱贴标签；所有供应商都需在 2006 年之前照此办理。最初的要求非常严格，但其后面的指令一再表明，沃尔玛至少已经在最初要求的截止日期方面有所妥协， 这显然是因为此举在供应商层面缺乏认可 。

为什么零售商比供应链中的其他成员更坚决地支持推动 RFID 的发展？这很容易理解。研究表明，配备 RFID 的产品的补货速度比不配备 RFID 的产品快，这表明补货的好处在商店层面是最大的。例如，在一项试点研究中，与未使用 RFID 的同类商店相比，使用 RFID 商品的沃尔玛商店总共节省了逾 17 亿美元。

在大多数情况下，制造商在采用这项技术方面一直行动迟缓，而且他们正在通过“先拍后运”的操作满足零售商的要求，本质上是在订单履行操作上增加了一个步骤。RFID 经常被提起的主要优点之一是它有助于减少库存。在 70%的时间里，库存的责任（和过失）在零售商身上。尽管减少库存对制造商和零售商都有利，但制造商似乎正在加大投资以改善客户的运营。此外，通过标签生成的相当大一部分信息由终端零售商掌握，尽管有人试图共享这些信息，但也因此出现了诸如消费者隐私之类的问题，这使得贸易伙伴很难共享数据。找到 RFID 的投资回报率（Return on Investment，ROI）对制造商和零售商来说都是一个挑战，这是限制广泛采用该技术的一个重要因素。一般来说，RFID 的采用会因处在供应链的不同环节而变化。根据最新研究，RFID 的采用率如表 6-3 所示。注意，此处的百分比之和不等于 100%，因为同一业务流程可以支持多个维度。

表 6–3 按 SCM 维度列出的采用

维度	案例数	百分比
出库物流	143	57%
入库物流	78	31%
内部运营	35	14%
回报维度	57	23%
其他（包括损失预防）	13	5%

监控系统

监控系统概述

监控系统是收集数据，并在某些情况下对车辆、车队或货物执行命令和控制的现代技术方法。尽管在这一定义下包括几种不同类型的监控系统，但我们只讨论两类监控系统：位置监控系统及温度监控系统。

位置监控系统

目前，市场上存在两种相互竞争的位置监控系统：美国的 GPS 和俄罗斯的全球导航卫星系统。另外，其他的系统也处于不同的发展阶段（如欧洲的伽利略定位系统）。在这些系统中，GPS 是迄今为止使用最广泛的系统，因此我们的讨论大部分将围绕它进行。注意，其他系统背后的基本技术是相似的。如果它们变得更流行，则此处讨论的科学原理仍适用，只需要进行一些小的修改。

GPS 指的是由 24 颗运行中的卫星（21 颗工作卫星，3 颗备用卫星）

组成的网络，这些卫星在距地球表面约 12,500 英里的高度绕地球运行。这些卫星以大约 2.4 英里 / 小时的速度绕地球运行，大约每 12 小时绕地球一周。这意味着，在任何一天里，卫星都会两次出现在同一地点的上空。然而，更重要的是，卫星彼此相对地排列，在任何给定的时刻，从地球上的任何一个地点都能在天空中看见至少 4 颗卫星。这些卫星通过专门的数字无线电波（也称为伪随机码（Pseudo-random Code））发送其位置信息。具有 GPS 功能的设备会接收这些信号，并计算从卫星发送信号到接收器接收信号之间的时差（通常以纳秒为单位）。由于无线电波是电磁波，并且以 186,000 英里 / 秒的速度传播，所以通过计算发送信号到接收信号之间的时差，具有 GPS 功能的设备能够计算出与卫星之间的确切距离。通过计算自身与天空中所有可见卫星之间的距离（如前所述，在任何时刻至少可以看见 4 颗卫星），接收器就可以精确地确定其在该时刻的位置。（注意，GPS 接收器通常可以使用此方法将其位置准确估算到实际位置的 65 英尺之内。）这种方法称为三边测量。在下面的讲解中，我们给出了三边测量的简短示例。注意，为简化概念，我们在二维空间中对其进行说明。实际上，三维空间中的三边测量的工作原理与此类似。

首先来看 GPS 是如何工作的。

假设你已空降到一个完全未知的地方，也许是在偏远农村地区的某个地方。你跑到当地的加油站，买了一包口香糖，问店员你到底在哪里。她唯一能给你的回答是：“你离肯塔基州列克星敦 120 英里。”尽管这是有用的信息，但仍不能解决你的问题。你可以是位于以肯塔基州列克星敦为圆心的、半径为 120 英里的圆上任何方向上的任何地方。可能性是无限的（见图 6-16a）。当你开始考虑下一步该怎么做时，你身后的收银员说："我知道你距俄亥俄州哥伦布 85 英里。"这第二条信息可帮助你更好地确定自己的位置，因为距肯塔基州列克星敦 120 英里以及距俄亥俄州哥伦布 85 英里的位置只有两个（见图 6-16b）。现在，假设商店经理走进来，并说："你距离印第安纳州印第安纳波利斯 100 英里"（见图 6-16c）。如果你有这 3 条信息和一张美国地图，你就能推断出你空降到了俄亥俄州的米德尔顿。这就是 GPS 中三边测量的工作原理，只不过它是在三维空间而不是二维空间中进行的。

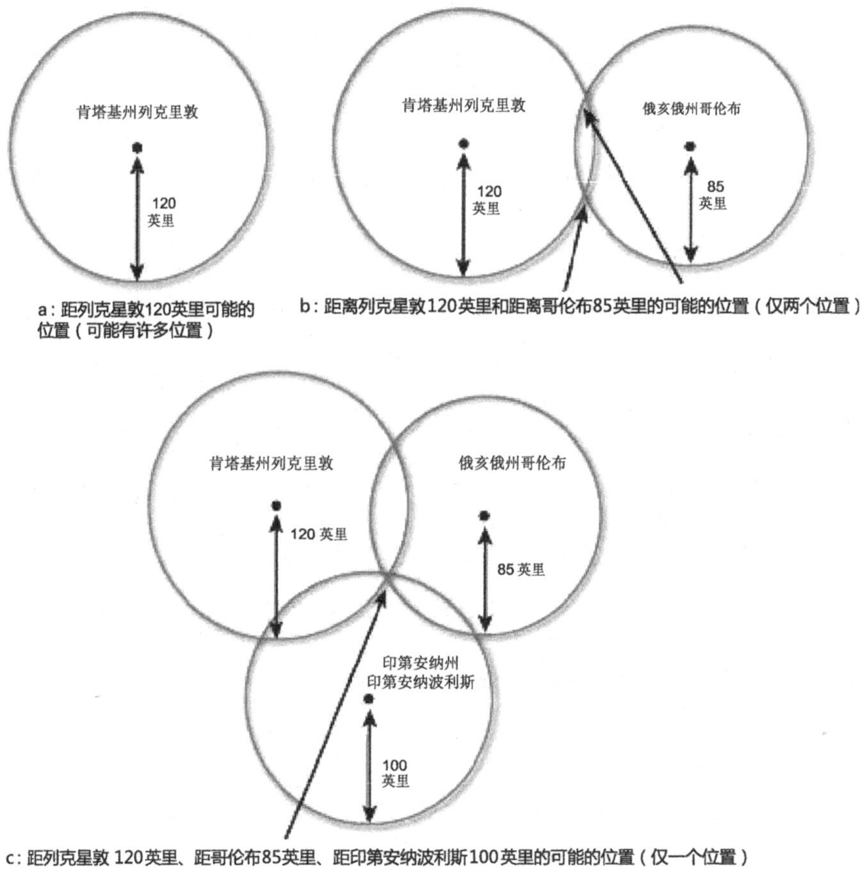

图 6-16　GPS 工作原理

GPS 在交通中广泛应用。除了 GPS 的明显应用（包括车辆路线选择和实时交通监控）外，GPS 的其他几种应用还可以使运输企业更有效地管理其货运。例如，路线遵从性监控（Route Adherence Monitoring）是涉及资产跟踪的 GPS 的特殊应用。路线遵从性监控也称为地理围栏（Geofencing），使用复杂的算法并通过 GPS 收集的实时位置信息来分析和显示位置数据，从而使商业调度员以及执法人员能够快速解决异常情况，例如路线偏离、进入禁区和计划制定失败。同样，GPS 技术还可以用来远程监控驾驶员是否遵守诸如超速驾驶法规和 HOS 规则等情况。

温度监控系统

需要以特殊的思维、设备和护理方式来运输易腐货物。自然分解的常见形式是热量，它可以将化合物分解为自然状态，从而使其降解。整个运输渠道中的制冷技术通常用于减慢或消除这种分解过程。这种温度可控的供应链被称为冷供应链（Cold Supply Chain，简称为冷链）。它可以被理解为运输渠道，它涉及通过热包装和冷藏包装方法将温度敏感的物品沿着供应链运输，从而在整个渠道内创建一个温度可调节的环境。冷链具有多个技术要素，包括温度可控的仓库、专用包装材料、冷藏集装箱和温度监控传感器。关于温度控制仓库的讨论不在本章范围之内，但很可能会在大多数标准仓库教科书中讨论。但是，我们将在本小节中介绍冷链的其他元素。

（1）冷链包装技术。温度可控的供应链中的包装技术涉及以下两种类型：被动运输箱（Passive Shippers）或主动运输箱（Active Shippers）。被动运输箱可以理解为使用定量的冷藏或冷冻的凝胶、相变材料、干冰或其他形式的预冷剂，以保持绝缘外壳内环境温度可控的包装。一般根据被动运输箱在要求的温度下保持有效载荷的时间来对其“评级”。典型的评级包括 24 小时、48 小时、72 小时和 96 小时。主动运输箱使用电力或某些其他燃料源，在恒温调节下保持绝缘外壳内环境温度可控。因此，主动运输箱和被动运输箱之间的主要区别在于，主动运输箱具备一些可用来主动冷却的功能，但是被动运输箱通常没有这种功能。通常，主动运输箱比被动运输箱的尺寸更大，价格也更高。因此，主动运输箱的体积通常是托盘大小或更大的，用于大型散装货物；而被动运输箱通常更小、更轻，用于较小的货物运输。

（2）冷链温度监控技术。温度监控是冷链的关键要素。通常，如果发现货运超出指定的温度范围，则收货人可以拒收整批货物。最常见的温度监控技术是基于化学示踪剂、RFID 和通用串行总线（Universal Serial Bus，USB）的。

基于化学示踪剂的温度监控系统（Chemical Tracer-based Temperature Monitoring Systems）是最古老的，甚至可能是最便宜的系统，它被用于监控整个运输网络的温度完整性和合规性。这样的系统通常只不过是经过特殊化学处理的标签，因此当它们暴露于特定温度时，它们会变色或显示出某些可见的迹象。视觉标志通常是不可逆的，这意味着标签“暴露”后，它们将无法恢复其原始外观和颜色。这样的标签和系统在确定运输过程中某处是否发生温度违规时很有用。但是，它们在识别何时可能发生此类违规时效率较低。此外，它们在识别是否发生了多次违规时也不是很有用。（如果确实发生了多次违规，则通常只记录第一次违规，因为在记录了第一次违规之后，标签已被“使用”了。）因此，此类标签的使用频率已逐渐降低。

基于 RFID 的温度监控器（RFID-based Temperature Monitors）通常是信用卡大小的小型半主动式标签，它们已预先被编写为以预定的时间间隔“入睡”和“唤醒”的程序。例如，这样的温度传感器可以安装在一批对温度敏感的货物上，并且可以预先编程为每两个小时唤醒一次并获取纸箱 / 托盘 / 集装箱的温度。然后，标签可以通过 RFID 识别器将温度报告给实时数据采集设备，并在接下来的两个小时内返回睡眠状态。因此，本质上，该标签可以比第一种类型的标签更加详细、精细地确保温度合规性。随着 RFID 技术的广泛使用，这种标签在运输中得到了广泛的应用。

基于 USB 的系统（USB-based Systems）通过与温度监控设备（通常是数字温度计）的端口相连的 USB 设备收集温度合规性数据。在交付时，将其从设备中移除并连接到计算机的 USB 端口，然后就可以立即将结果通过网络发送给托运商。通常，这种基于 USB 的系统可以与基于 RFID 的系统结合使用。

小结

本章重点介绍了在货运中发挥作用的几种不同技术。此外，我们研究了技术架构（本地托管、ASP、SaaS）之间的差异，以及它们与各种运输相关技术，如 EDI、TMS、R & S 系统、RFID 以及监控系统之间的关系。技术领域正在迅速发展，企业也在寻找利用技术资源来驱动价值的新方法。运输管理领域也不例外。因此，我们希望技术领域继续发展，因为新的创新将继续驱动运输管理的价值。

本章的主要内容如下。

（1）技术可以帮助企业避免长鞭效应的刺痛。

（2）技术架构可以分为 3 种类型：本地托管、远程托管或 SaaS。

（3）EDI 有助于在渠道合作伙伴之间直接交换电子格式的标准化文件。

（4）TMS 是一种专用的软件工具，可支持运输网络中的各种活动，包括对运输进行评级、对货物进行招标、打印货运单据、追踪货物、为相应的货运方开票、审核承运商发票并向承运商支付运费。

（5）R&S 系统允许企业，尤其是托运商和分销商，通过在车道上智能地分配车辆以优化成本，同时满足交付要求，从而有效地管理运输网络。

（6）AIDC 方法可自动识别对象，收集有关对象的数据，并将这些数据直接输入计算机系统。这些方法包括条码技术和 RFID 技术。

（7）监控系统是收集数据的现代技术方法，在某些情况下，还是对车辆、车队或货物执行命令和控制的技术方法。这些方法包括位置监控和温度监控。

参考文献

[1]Chopra, S. and M. Sodhi. Looking for the Bang from the RFID Buck[J]. *Supply Chain Management Review*. 2007，11（4）:34–41.

[2]Clients First Business Solutions （2011），“Cloud, SaaS and Hosted...What’s the Difference?”

[3]Coyle, J., J. Langley, B. Gibson, R. Novack and E. Bardi. Supply Chain

Management—A Logistics Perspective. *Cengage Publishing*, 8th ed[M] . New York: Cengage, 2008.

[4]Hugos M. *Essentials of Supply Chain Management,* 3d ed[M]. Hoboken, NJ: Wiley, 2011.

[5]Farrell, J. （2013）, “GPS Made Simple,” VIGIL, Inc.

[6]Kumar, S. *Connective Technologies in the Supply Chain*, 1st ed[M]. Boca Raton, FL: Auer bach Publications, 2007.

[7]Rao, S. S. and T. J. Goldsby （2007）. Radio Frequency Identification in Supply Chains: Looking to Process Improvement as a Source of Financial Return. *Proceedings of the CSCMP Educator's Conference*, Council of Supply Chain Management Professionals: Lombard, IL.

[8]Sharma V. *Information Technology Law and Practice: Law & Emerging Technology Cyber Law & E-Commerce,* 3rd revised ed[M]. New Delhi, India: Universal Law Publishing Co. Ltd., 2011.

[9]Stroh, M. *A Practical Guide to Transportation & Logistics*, 3rd ed[J]. Dumont, NJ: Logistics Network, Inc., 2006.

[10]Treleven, M. D., C. A. Watts and P. T. Hogan. Communication Along the Supply Chain: A Survey of Manufacturers' Investment and Usage Plans for Information Tech nologies[J]. *Mid-American Journal of Business,* 2000, 15:53 - 62.

[11]Watts, C., V. Mabert and N. Hartman. Supply Chain Boltons: Investment and Usage by Manufacturers[J]. *International Journal of Operations & Production Management,* 2008, 28 (12) :1219 - 1243.

07

运输在物流和供应链战略中的作用

运输可以通过多种方式被纳入物流和供应链战略。简而言之，当运力缺乏时，运输的作用会通过较长的客户订单交货期或更多库存来分散。但是，若运输是快速、安全和可靠的，则可以通过减少并保持一致的交货时间、完好无损的订单交付以及降低其他业务领域（包括库存）的成本，将其作为竞争的重要基础。本章主要介绍不同物流和供应链策略，包括对精益物流的追求，供应商管理库存（Vendor-Managed Inventory，VMI），协同规划、预测与补货（Collaborative Planning，Forecasting and Replenishment，CPFR），以及多厂商合并等，其中运输因素影响重大。

精益物流

在过去的30年中，精益制造一直是商业界非常感兴趣的话题。20世纪80年代，麻省理工学院对汽车行业进行了一项广泛研究，其中首次提到"精益"（Lean）一词并应用于丰田。研究发现，通过采用一种称为丰田生产系统（Toyota Production System，TPS）的生产方法，丰田能够以更少的资源（人力、设施、材料和时间）生产出更多质量更好的汽车。因此，该公司被称为"精益"公司，因为它没有浪费资源并为客户创造了价值。[1] 自从那次"发现"以来，精益制造经历了一场变革，使企业从追求生产规模经济的以计划为基础的运营模式，转变为追求在 JIT（Just in Time，准时制生产方式）的基础上只生产所需产品的灵活运营模式。实际上，据估计，美国有 90% 的制造商正在使用精益制造作为持续改进其运营状况的方法。[2]

JIT 生产对运输和物流具有重大影响。当库存被视为一种浪费时，企业就会更频繁地小量采购。同样，精益制造商试图批量发货给客户，以满足客户当前需求，而不是供应能持续数周或数月的批量产品。因此，低频的大批量运输会转变为高频的小批量运输，运输公司必须适应这一转变。此外，运输公司必须以非常高的可靠性进行运输。供应交付的延迟会影响制造商以 JIT 生产的能力，进而影响按时将产品交付给客户的能力。汽车行业的制造商已经逐渐形成了这样一种做法，即供应商每迟交付一分钟就对其进行处罚，甚至强迫供应商购买由于延误交付造成的中断制造的汽车。

这种制造理念的转变可以反映在供应链可能采用的运输方式的变化上。托运商没有采用支持大批量（为了规模经济）的运输方式，例如远洋运输或铁路运输，而是采用卡车运输甚至航空运输，以提供支持 JIT 运营所需的速度和可靠性。当使用卡车运输来支持更高频率和更小批量的货运时，托运商可能会设计交叉货仓（Crossdocks）（见图 7–1）以保持运输的经济性。交叉货仓的功能很像旅客旅行的枢纽机场。枢纽机场在一天开始时非常安静。然后，一波入境飞机到达，来自不同地方的乘客进入机场。乘客下飞机，分别登上前往不同目的地的飞机。请注意，乘客登上的飞机与将乘客集合在一起的飞机是同一架飞机，尽管大多数乘客登上的飞机与将他们带到枢纽机场的飞机不同。登机结束后，飞机便飞往各自的目的地。然后，第二波飞机到达枢纽机场以进行另一次分类。

该过程会在一天中重复进行，直到完成数次分类。一天结束时，枢纽机场关闭，所有乘客都离开。

枢纽机场及交叉货仓货运设施的关键是车辆到达和离开时都必须是满载的。这有助于维持运输经济性。显然，如何让乘客（和货物）不必偏离路线太远以在枢纽处进行换乘是一个挑战。作为乘客，有时不得不北上前往枢纽才能到达南部的目的地，他们会因此感到烦恼。

交叉货仓和枢纽机场的运营也需要大量的协调，以便以尽可能低的成本满足客户需求。交叉货仓根据需要进行编排，以使它们最有效地运营，有些人将交叉货仓的流入和流出描述为一出芭蕾舞剧。想象一下，如果一个人由于晚点到达枢纽机场而错过转机航班会感到多么沮丧。同样，货物可能会因为出库卡车错过出库而“受挫”。

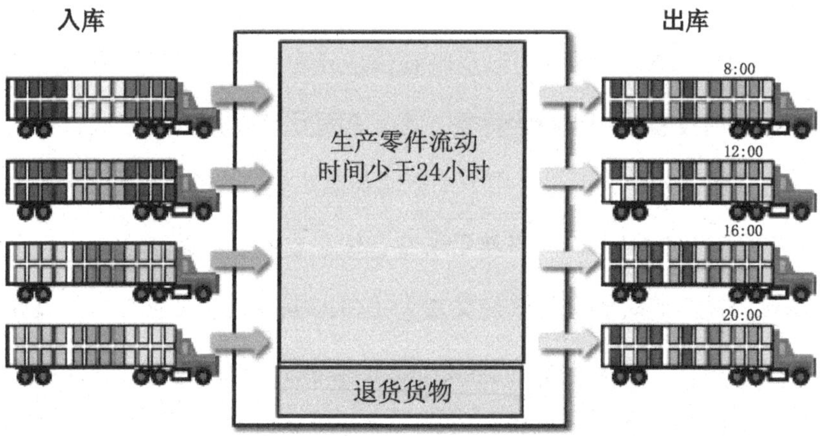

图 7–1 交叉货仓

为了支持精益物流，一些企业设计了循环取货路线。循环取货是指沿途在多个地点收取或卸下货物以有效利用卡车的循环路线。循环取货路线可能会在一天或一周的时间内运行多次，这取决于运输量和服务客户所需的频率。循环路线不同于传统的单向路线。在传统的单向路线中，供应商独立将货物运送到客户所在地。相反，循环取货需要供应商之间进行紧密协调，以适应高效率的流动。如前所述，一个地点的延误可能会耽误向最终客户交付。因此，必须精确计划并执行取货和卸货，以支持准时制运营。循环取货中设计的停靠点越多，延误的风险就越大，因为每个地点都可能造成延误。此外，必须不时调整循环取货的运输数量和频率，以适应客户需求的增减。当需求减少时，取货的频率会降低或收取的货物量会减少。但是，当频率降低时，托运商必须确保不会长时间持有库存。

循环取货的循环性质支持使用可回收的运输集装箱。卡车不仅在供应商所在地收取货物，还会将空集装箱运送到相应的供应商处以供后续使用。因此，精益公司将这些集装箱作为看板的一种形式，这是一种视觉上的消费信号，可以启动补货行为。当一个集装箱被清空后，它会被归还给供应商，然后由供应商为集装箱补充货物，以备下一次交货。 这方面的精益物流也需要非常高的精度，因为集装箱丢失、损坏或交付到错误的位置会影响供应商为客户补充货物的能力。通过这种方式，可回收的运输集装箱成为物流系统可视化管理的一种有价值的形式。它们表明需要补货，而当它们未能及时返回到相应的供应商处时，则表明计划或执行过程中存在缺陷。

请注意，可以在交叉仓库的入库和出库流程采用循环取货，以支持货物在多个客户地点的流动。许多客户的供应基础可能有相当多的重叠（即他们从同一供应商那里购买产品）。使用循环取货，可以通过在各个供应地点收集大量货物来满足多个客户的入库物流需求，这些货物量是单个客户可能在短时间（也许几天甚至几小时）内需要的。入库循环取货（称为子路线）收取到的货物在交叉仓库集中进行分类，从而形成了由来自许多不同供应商的各种商品组成的卡车货运量。同样，这里的前提是卡车从交叉仓库中满载进出。那么，每个客户收到的是一辆卡车上来自几个不同供应商的各种货物。这有助于提高这些货物的库存性能水平（因为由各种货物集合在一起的货运到达的频率高于单个商店订购量较低的情况下的货运频率）， 并降低运营和管理成本，因为商店只能接收一辆卡车来运送货物而不是让每个制造商分别发货。

正如这些例子所表明的，精益原则正在运输和物流业中得到很好的应用。在某些情况下，精益物流是指通过提供JIT交付来为精益制造提供物流支持。在其他情况下，企业在物流中采用精益原则，以识别和消除各种形式的浪费，这些浪费可能出现在重点业务和供应链中。在运输系统中经常可以发现可以消除以降低成本的浪费，并有可能改善为客户提供的服务。下面将介绍旨在改善服务和降低成本的运输创新形式。

共享运输资源

对精益物流的追求促使托运商和服务提供商寻求减少运输和物流中的浪费的创新方法。令人担忧的是，每个托运商都有一定程度的未充分利用的运输能力。在路上不仅有半空的卡车在行驶，而且还有作为重新定位设备的全空卡车在行驶，它们要么空车回到站点位置，要么是在寻找下一个货运。总之，这相当于浪费了一个国家或世界各地数百万托运商的运输能力。如前所述，与精益物流相关的哲学使企业能够寻求消除这些浪费并更有效地利用可用的运输资产的方法。一些竞争对手则更进一步，通过横向合作设计出减少浪费和降低环境影响的方法。在这些示例中，前往共同客户位置的企业能够共享运输能力。

在欧洲杂货制造商中，横向合作的趋势已被证明是最先进的。高露洁（Colgate- Palmolive）、葛兰素史克（GlaxoSmithKline）、家乐氏（Kellogg's）、金佰利（Kimberly-Clark）、玛氏（Mars）、雀巢（Nestlé）、宝洁和联合利华（Unilever）等企业正在共享运输能力，以减少旅途中的重复、空车里程和低载货量等因素。这些努力共同改善了为客户提供的服务，同时降低了燃料消耗、运营费用和碳排放量。[3] 但是，横向合作在某些国家引起了反垄断担忧，因为可能会产生不公平的优势。

在美国，企业通过第三方合作来设计创新的合作项目。3PLs 已设计出多供应商合并（Multivendor Consolidation）系统来支持杂货零售商。零售商发现，这种合并是减少库存、运输成本、损坏索赔和管理成本的有效方法。为了使这一概念更上一层楼，一些 3PLs 现在还提供多供应商 / 多零售商合并（Multivendor/Multiretailer Consolidation），以利用多个独立零售商的合并购买量，将其整合到一个集中的入库物流系统中。汇集的货量使更高的交付频率在不同零售商的不同地点是经济可行的。这也使计划变得更加复杂，因为第三方现在必须容纳多个客户，这些客户也可能通过一个通用的物流系统成为直接的竞争对手。规模较小的零售商可能会发现通过这种协作策略，自己可以有效地与享受规模经济的大型企业竞争。

在途合并

在途合并（Merge in Transit，MIT）是与多厂商合并相关的一种合作形式，在这个运输成本不断上升的时代，这是一个越来越流行的概念。

MIT 的基本 思想很直观：MIT 系统在一个合并点将来自各个供应商的货物合并起来。通常，这样的合并点位于终端客户附近，以允许多个供应商在该中心位置“合并”。MIT 允许企业通过合并 LTL 运输和与另一供应商到同一客户兼容的运输来减少运输费用。通过在中间合并点合并货物，供应商可以减少对 LTL 运输时间的依赖。在客户层面，MIT 提供了价值，因为它有助于交付单个的、合并发货的运输，而不是多个较小的运输。另外，低成本、高效运输少量货物的能力意味着可以说服卖方接受以较小的批次装运，从而减少系统中的总体库存并支持精益生 产。

图 7–2 显示了典型的 MIT 操作。如图所示，MIT 系统取决于几个关键因素，包括客户的多个供应商的可用性、定期向客户发货、订单大小（该系统最常见的订单大小在 150~10,000 磅），以及具有战略意义的合并点的可用性。确定了这些因素后，即可创建 MIT 操作。系统从单个供应商级别开始。订单不是从原始托运商处直接运送给收货人，而是通过拖车直接运送到区域站点（合并点）。在那里，收货人将订单货物卸下、分离和合并。最后，将订单货物重新装载（通常装载到 TL 运输卡车上），以交付至最终目的地。因此，终端客户收到的不是多批 LTL 货物，而是更少批次的货物。

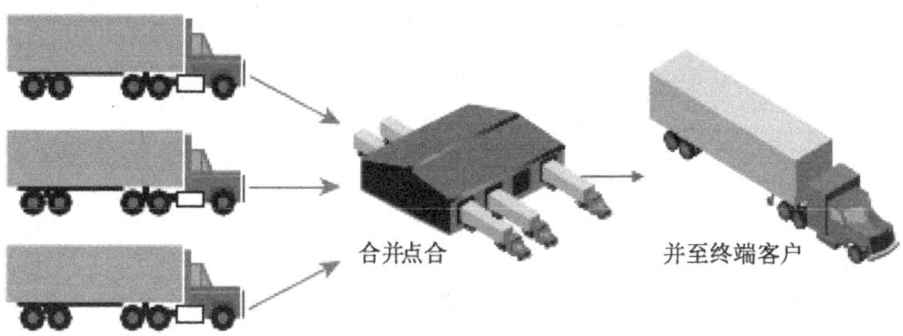

图 7–2　MIT 操作

尽管 MIT 操作似乎很吸引人，但其实施仍面临一些挑战。首先，很明显，这样的系统涉及货物的多次装卸。如果未正确优化，这反而可能会增加整体货运成本。其次，在运输过程中，货物“碰触”的次数越多，成本就越高（在其他条件相同的情况下）。继续说这个例子，货物的接触点越多，货物损坏的可能性就越大。最后， 由于 MIT 系统涉及合并交付，则该系统依赖于以下假设：供应商将以相同的效率完成订单填写操作，并且供应商会进行合作。例如，在合并点从一个供应商处延迟收货可能会延迟向终端客户的发货。从这个意义上说，MIT 系统的成功与否取决于网络中最薄弱的一环。

与 MIT 完全相反的是一个叫做联营分配（Pooled Distribution）的系统。在这样的系统中，一个供应商通常会将订单分发到特定地理区域内的多个目的地。订单不是从原始托运商处直接运送到收货人处，而是通过合并拖车直接运送到地区站点。在那里，收货人将货物卸下、分离和分类，然后重新装载到本地的送货卡车上，以运送到最终目的地。

供应商管理库存

近年来，最普遍的供应链策略之一是供应商管理库存（Vendor-Managed Inventory，VMI）。VMI 有许多不同的形式，但是一般前提是供应商以供应商、客户二元方式管理客户的库存。在 VMI 协议下，供应商和客户应就补货条款达成一致。然后，客户要求供应商负责保持规定规格内的库存水平。这种协议极大地改变了业务中典型的买卖协议。在 VMI 协议中，卖方不需要偶尔向客户“推销”库存，也不需要寻找动机向客户大量销售其可能需要数月时间才能使用或消费的货物，而是只提供协议中规定的库存。这通常导致更小、更频繁地交付，类似于之前介绍的精益物流的规定。实际上，有人认为VMI有助于形成更精益的供应链。

VMI 的一种变体是供应商所有和管理库存（Vendor-Owned and Managed Inventory，VOMI）。在这种协议下，供应商不仅管理位于客户位置的库存，而且还拥有对库存的所有权。通常，这种协议被认为是寄售协议，因为买卖双方之间的交易要等到买方实际使用或消费库存后才发生。“基于扫描的交易”是指零售环境中的协议，在这种环境中，在结账时扫描商品不仅表示零售商和消费者之间的完整交易，而且还表示商品的零售商和供应商之间的完整交易。VOMI 协议甚至比传统的 VMI 协议更能改变客户与供应商之间的买卖协议，因为客户所在地的库存位于供应商的财务报表上。考虑到这一点，供应商就有动力在客户所在地保持精益库存水平并密切监控这些库存。

VMI 和 VOMI 协议对运输的影响还包括协议涉及的供应商的库存计划、补货和装运计划的责任转移。这不仅会对交付的频率和时间产生重大影响，而且会对协调产生重大影响。例如，是否可以允许供应商在客户所在地安排送货。通常，客户控制自己的设施和接收地。但是，如果供应商要对客户所在地的库存负责，那么供应商可能会被赋予更大的权力，即决定货物如何进出工厂。此外，供应商代表（包括送货人员）通常不被允许进入客户设施。但是，对于送货人员或客户关系经理来说，查看客户设施中的库存是很重要的，这有助于确保库存具有足够的数量和质量。这些问题必须在共同管理的库存安排中解决；而在传统的买卖关系中，这些问题是不存在的，在这种关系中，约定的规则已经存在多年。

协同规划、预测与补货

VMI 侧重于补货，而更高级别的供应链协作则在补货操作之前的计划和预测步骤中寻求团队努力的机会。因此，协同规划、预测和补货（CPFR）[1] 是供应链中贸易合作伙伴相互协作以协调其营销和物流活动、改善服务和降低成本的战略。根据 CPFR，供应商和客户应制定联合业务计划，就开展联合业务的目标和两家企业合作的方式达成一致。后续步骤着重于让两家企业在销售预测上保持一致，解决分歧，并协调一致地采取行动，以确保协调一致的努力。CPFR 的 9 个步骤如下。

（1）制定前端协议。

（2）创建联合业务计划。

（3）创建销售预测。

（4）确定销售预测的异常情况。

（5）解决 / 合作处理异常项。

（6）创建订单预测。

（7）确定订单预测的异常情况。

（8）解决 / 合作处理异常项。

（9）生成订单。

CPFR 的前提是使贸易伙伴之间的计划和操作保持一致，以减少不确定性和开展业务的成本。研究表明，CPFR 是减少长鞭效应的一种有效手段，这种有据可查的方式会在需求发生变化时，由于贸易伙伴之间协

1 CPFR 是 VICS 的商标。

调不良而导致严重的库存过剩的情况减少。许多企业通过 CPFR 方法扩大与贸易伙伴（供应商和客户）的销售和运营计划（Sales and Operations Planning，S&OP），从而取得了成功。每年，自愿行业间商业解决方案（Voluntary Interindustry Commerce Solutions，VICS）组织都会认可实施的最佳实践。

协同运输管理

协同运输管理（Collaborative Transportation Management，CTM）是 CPFR 逻辑的延伸，这是 VICS 组织的另一个倡议。虽然 CPFR 侧重于供应链中供应商和客户之间的业务往来，但这些规划，很大程度上忽略了一个重要的方面：促进从供应商到客户的货物运输的物流服务提供商的能力提高。CTM 试图通过将物流供应商纳入协调客户送货的工作中来弥补这一缺陷。CTM 的定义是“一个将供应链贸易伙伴和服务提供商聚集在一起，以消除运输计划和执行过程中的低效率的整体过程。”[4] 前提是消除贸易伙伴和服务提供商交易过程中的浪费，以追求三方共赢的结果。

在 CPFR 流程的最后一步（生成订单），CTM 从运营的角度出发，专注于货物的分配和运输。 然而，CTM 的许多好处与物流服务供应商参与发货计划有关。CPFR 流程包含总体销售预测和订单预测，而 3PLs 和承运商可以以这些预测为基础来设计发货预测。这样的计划使服务提供商可以为即将到来的发货分配设备和劳动力。如果没有这些信息，即使两个贸易伙伴可能很早就知道这些变化，服务提供商也会面临运输需求的急剧变化。通过消除这些意外情况，承运商能够更好地确保贸易伙伴进行共同业务的能力，并减少与紧急行动有关的焦虑和成本。服务提供商可以变更计划，甚至提供会影响贸易伙伴计划的输入。

图 7-3a 和图 7-3b 显示了 CTM 流程的详细信息。活动的顺序被标记为战略、战术和运营。在战略层面，合作各方确定如何共同开展业务并说明合作努力的目标，类似于 CPFR 的早期步骤。在战术阶段，两家企业将共同制定货运量预测，包括解决各方认为的任何异常或差异。

如果担心运力不足，无法满足预期的运量，承运商会在此时说出来。在运输高峰季节可能就是这种情况。在没有 CTM 的情况下，贸易伙伴可能不会意识到这一限制，因此承运商将没有机会表达担忧。在活动的最后（运营）阶段，预测将转变为所有三方的实际订单和行动。在此阶段，CTM 的好处是预先定义了业务流程，尤其是在出现需要采取集体行动和补救措施的问题时。如果没有定义的流程，那么一连串的非生产性活动可能会消耗这 3 家企业的能力，从而导致错误，分散企业对其他需要关注的活动的注意力。在 CTM 流程的最后一步，各方根据既定目标评估绩效，从错误中汲取教训，并完善流程以供将来参考。

（1）准时服务增加了 35%。

（2）交货时间缩短了 75%以上（例如，一位客户的平均交付时间从 7 天减少至 1.5 天）。

（3）库存减少了 50%。

（4）通过改善对客户的服务，销售额提高了 23%。

（5）优质货运成本降低了 20%以上。

（6）管理成本降低了 20%。

承运商也可以从 CTM 中受益，其指出了如下好处[5]。

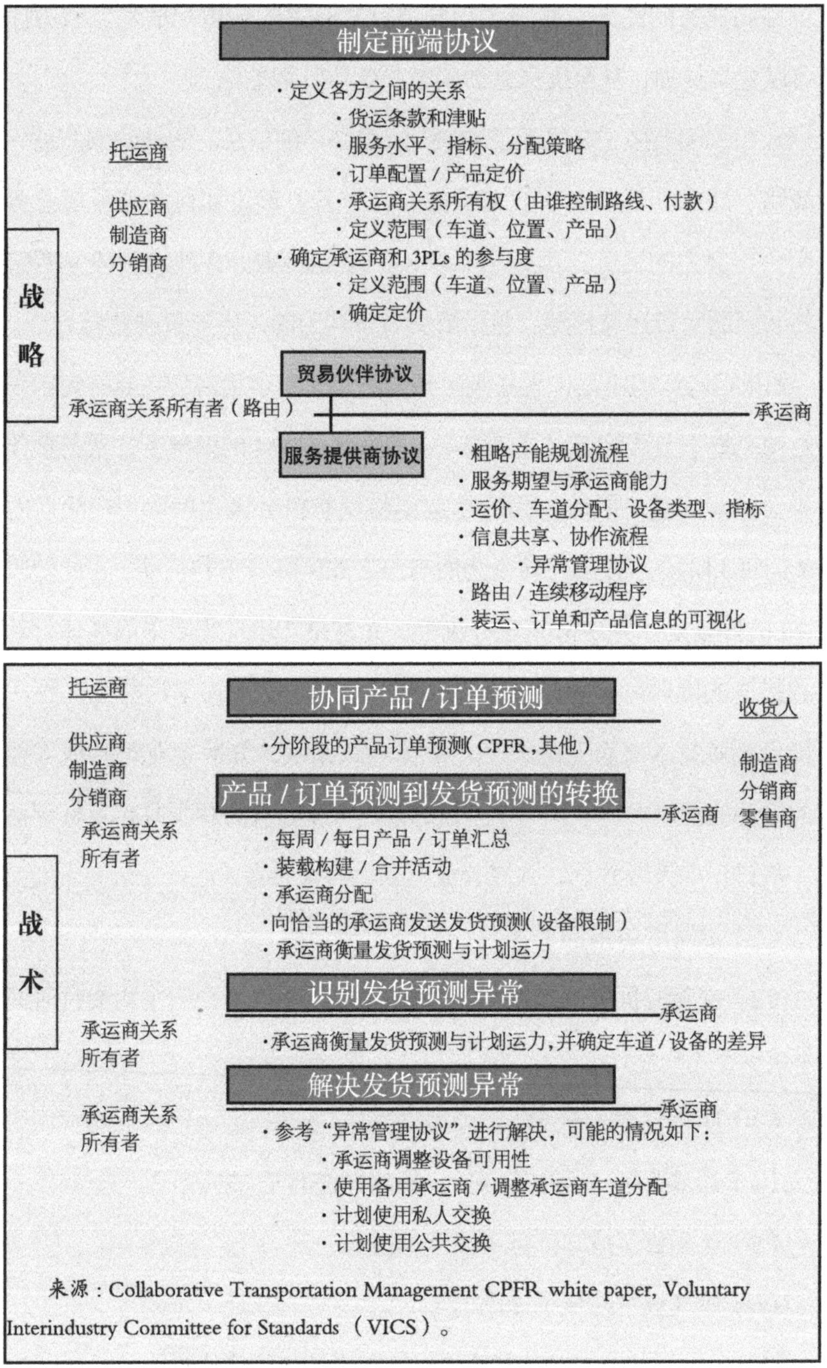

图 7-3a　集成的 CTM 业务流程（战略和战术）

运营

承运商关系所有者

公司客户订单消耗产品 / 订单预测 —— 承运商

- 客户订单汇总
- 运载量构建 / 合并活动
- 连续运输分析
- 承运商分配

承运商关系所有者

招标过程 —— 承运商

- 运载招标
- 如果承运商设备不可用，请参考“异常管理协议”进行解决。可能的情况如下：
- 承运商调整设备可用性
    - 使用备用承运商
    - 发往私人交易的货物
    - 发往公共交易的货物

托运商
收货人

调度过程 —— 承运商

- 在托运商和收货人地点安排会面
- 请参阅“异常管理协议”以获取其在次优计划中重新分配的解决方案
- 在托运商处和回收地点分配资源
- 托运商生成的托运文件
- 托运商生成的预先发货清单（Advenced Shipping Note，ASN）

托运商
收货人

跟踪与追踪 —— 承运商

- 运输跟踪
- 如果预计延迟交付，请参考“异常管理协议”进行解决

承运商关系所有者

FreightAccounting —— 承运商

- 评估运输、自动开票（最佳实践）
- 运费审计
- 请参考“异常管理协议”以及“应付账款授权”
- 运费分摊

承运商关系所有者

指标、KPI 和绩效管理 —— 承运商

- 计算指标
- 向相关方提供指标
- 分析和合作制定行动计划

来源：Consoorenve Transportanon Management CPFR white paper, Voluntary Interindustry CommIttee for Standards（VICS）。

图 7–3b 集成的 CTM 业务流程（运营）

（1）减少了15%的空车里程。

（2）停留时间减少了15%。

（3）车队利用率提高了33%。

（4）驾驶员流动率减少了15%。

获得这些好处需要参与方之间进行大量的协调和投入大量的时间。然而，鉴于企业在消除浪费、降低成本和改善服务上可以获得的好处，这些努力值得付出。

小结

本章的主要内容如下。

（1）运输是物流和供应链创新的重要因素。

（2）精益物流涉及在整个业务中消除各种形式的浪费。有效的运输管理可以减少或消除供应链中物流的浪费。

（3）循环取货和交叉货仓提供了实现合并运输量，以支持更高频率交付的手段。

（4）企业正在以不同的方式共享运输资产，以消除重复的路程、减少空车里程，并提高运载率和设备利用率。

（5）托运商、收货人和服务提供商正在以改变传统业务关系和供应链中的运输管理方式的方法进行协作。

参考文献

[1]James P. Womack, Daniel T. Jones and Daniel Roos. *The Machine That Changed the World: The Story of Lean Production*[M]. New York: Harper Perennial, 1991.

[2]Aberdeen Group. *The Lean Benchmark Report:* Closing the Reality Gap, 2006.

[3]EyeForTransport. Companies who want a long-term competitive advantage are pooling supply chain assets NOW – will you be left behind?

[4]*Collaborative Transportation Management,* CPFR white paper. Voluntary Inter- industry Committee for Standards（VICS）, 2004.

08

运输与全球供应链

第二次世界大战后，国际贸易一直以惊人的速度增长。其结束时建立的一些机构是专门为刺激和促进世界不同国家之间的贸易而设计的。1944 年 7 月的布雷顿森林会议促成了这些实体的创立。

（1）国际货币基金组织（International Monetary Fund，IMF），负责管理汇率的稳定性并建立了国际支付系统。

（2）世界银行，其工作重点已经从战后重建转向通过贸易和发展来减轻贫困。

（3）关税与贸易总协定（General Agreement on Tariffs and Trade，GATT），其目的是降低世界各地的关税，以促进世界贸易，并保证所有成员的“最惠国（Most Favored Nation，MFN）”地位，从而防止本地企业和外国企业之间存在歧视。

（4）世界贸易组织（Word Trade Organization，WTO），是关税与贸易总协定的继任组织，成立于 1995 年 1 月 1 日，其目标是“帮助商品和服务的生产商、出口商和进口商开展业务，同时允许各国政府实现社会和环境目标”。[1]

此外，各国还通过建立贸易联盟来促进特定地理区域内的贸易。其中一些主要的贸易联盟是 EU、东南亚国家联盟、海湾合作委员会、南方共同市场、NAFTA 和南非关税同盟。

国际贸易可分为商品贸易和服务贸易。商品贸易包括有形产品的进出口。服务贸易涉及人员技能、金融、教育、法律、转录、娱乐、旅游、通信等无形产品的进出口。就运输行业和全球供应链而言，与服务贸易相比，商品贸易发挥着更为重要的作用。表 8-1 给出了世界商品贸易的全球概况，以及世界上一些较大经济体在其中所占的份额。

表 8-1 世界和特定经济体商品贸易总额的价值和百分比

	价值，百万美元	份额		年百分比变化		
	2011	2005	2011	2005–2011	2010	2011
出口离岸价总额	17,816,372	100	100	10	22	20
进口到岸价总额	18,057,065	100	100	9	21	19
主要出口商						
欧盟 (27)	6,038,597	40	34	7	12	17
欧盟以外的（27）出口	2,132,888	13	12	8	17	19
美国	1,480,432	9	8	9	21	16
日本	822,564	6	5	6	33	7
韩国	555,214	3	3	12	28	19
俄罗斯联邦	522,013	2	3	14	32	30
中国	2,354,031	7	11	24	53	34
加拿大	452,440	4	3	4	23	17
新加坡	409,503	2	2	10	30	16
国内出口	223,688	1	1	10	33	23
再出口	185,590	1	1	10	28	10
主要进口商						
欧盟 (27)	6,255,558	40	35	7	13	17
欧盟以外的（27）出口	2,349,849	14	13	8	19	17
美国	2,265,894	16	13	5	23	15
日本	854,998	5	5	9	26	23
韩国	524,413	2	3	12	32	23
中国	2,254,339	6	10	27	64	41
加拿大	462,635	3	3	6	22	15
印度	462,633	1	3	22	36	32
新加坡	365,770	2	2	11	26	18
保留进口	180,180	1	1	11	24	27
墨西哥	361,068	2	2	8	28	16

来源：WTO, 国际贸易统计（International Trade Statistics，ITS）2012。

商品贸易在价值和数量上都以制成品为主，其次是燃料和矿产品，最后是农产品。图 8-1a 和图 8-1b 分别按绝对值和数量追踪商品出口价值的增长。除全球经济衰退时期（2008—2010 年）外，这 3 种商品出口的绝对值和数量总体上都在上升，这导致了对全球各种运输方式的需求不断增加。

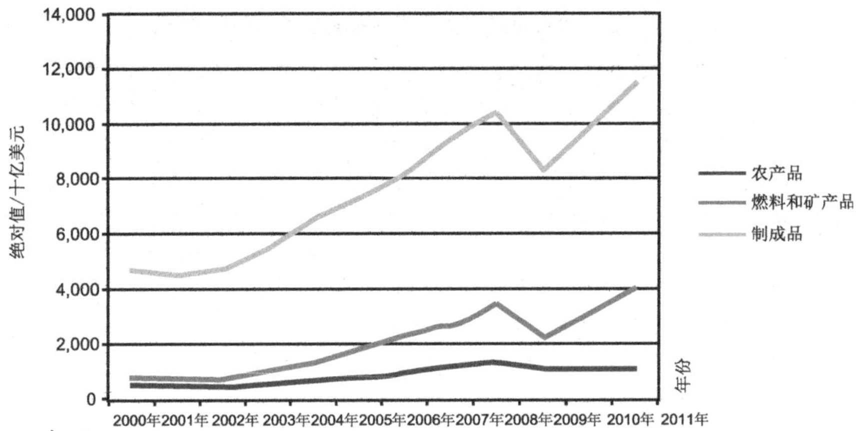

来源：WTO。

图 8-1a　世界商品出口价值（2000—2011 年）

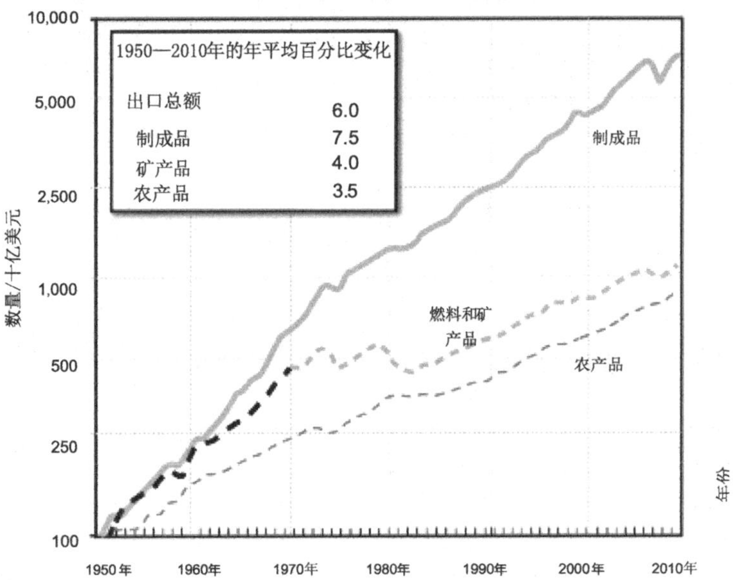

来源：WTO。

图 8-1b　商品贸易商品量（1950—2010 年）

全球供应链需求

由于文化、语言、传统、道德、习俗、法律框架、环境、政治制度和货币制度的差异，国际贸易通常是困难的。但是，自第二次世界大战以来，国际商品出口贸易蓬勃发展，甚至超过了世界 GDP 的增长（见图 8–2）。

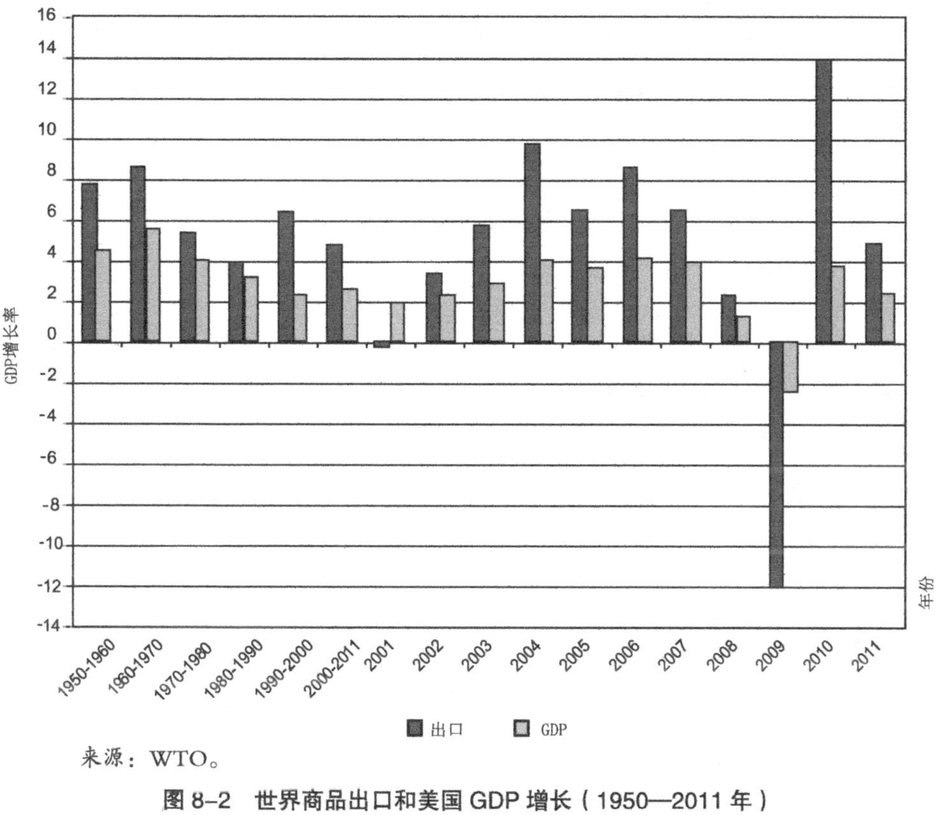

来源：WTO。

图 8–2　世界商品出口和美国 GDP 增长（1950—2011 年）

许多经济理论和商业模型（包括绝对优势理论、比较优势理论、要素禀赋理论、国际产品生命周期理论、波特钻石模型、新贸易理论、李嘉图 – 斯拉法贸易理论和国际生产分散化贸易理论）都试图解释促成全球供应链建立的国际贸易的增长。李嘉图 – 斯拉法贸易理论和国际生产分散化贸易理论是李嘉图比较优势理论的延伸，最近发展起来是为了克服绝对优势理论和要素禀赋理论的局限性。从本质上讲，国际贸易的增长主要归因于不同国家之间具有比较优势，以及产品在不同国家增值的能力，从而使最终产品的价格尽可能低。这使利丰（Li&Fung）等纺织品贸易公司能够在韩国、孟加拉国、泰国和印度拥有服装供应链的不同部分，同时主要满足美国和西欧的需求。为了建立复杂的全球供应链，利丰等公司广泛依赖高效的运输方式。

国际运输方式

在全球范围内运输时，由于成本高昂，运输方式选择变得至关重要，也有很多方式供运输经理选择。

国际海运

在所有运输方式中，就国际贸易而言，最重要的是海运。远洋轮船运载了约 80%的世界商品贸易量，按价值计算约占 70%。2011 年，全球装载的货物总量为 87 亿吨。2012 年 1 月，世界船队的总载重吨比 2008 年增长了 37%，达到 15 亿载重吨。2011 年，按 20 英尺当量单位（TEUs）衡量的集装箱运输量为 5.728 亿 TEUs。[2] 在美国，每 6 个工作岗位中就有 1 个与海运有关：有 230 万人在该行业工作。此外，95%的对外贸易货物是由船舶运输的，进出口总量达 20 亿吨 [3]。

1. 服务类型

海洋运输围绕两种服务类型进行：班轮和租船（不定期船）。班轮是指按规定的船期从既定的港口航行至另一港口的船舶。班轮通常组织为联盟，其目的是在统一运费下为指定地理区域内的特定航线提供服务。船长签发的B/L是运输合同的证据。班轮经常运载散装/集装箱货物。大多数B/L是在承运商和托运商之间订立的，国际条约通常规定了损坏赔偿责任。一些中介机构，如货运代理、海关代理和无船承运人（Non-Vessel Operating Common Carriers，NVOCC），有助于促进承运商与托运商之间的交易。集装箱船就是班轮的一个例子。

租船是在供求条件下运营的船舶。它们没有固定的航线，也没有固定的停靠港。这些船运送散杂货和散装货物（干货和液体货），并通常参照波罗的海交易所的规定设定运费。通常，租船人与船东之间会订立租船合同，以作为运输合同或租船运输的证据。租船合同中提及了所有条款和条件以及对国际条约的引用。B/L由承租人签发，例如原油承运商、谷物承运商、汽车承运商和商品承运商。

最常见的租船合同类型有航次租船合同、定期租船合同和光船租船/转管租船合同。顾名思义，航次租船合同是指从始发港到目的港租船的合同。总航次租船合同规定，船东有责任承担货物装载、卸货和船舶修整（稳定性）的费用。净航次租船合同规定，租船人应支付货物装载、卸货和修整的费用。航次租船合同中包含的一些关键条款是装卸时间（从船上装卸货物而不受罚款的时间）和滞期费（超过装卸时间时所受的罚款）。当B/L上的承租人和托运人不同时，有时会在租船合同中加入一项终止条款。（终止条款可确保承租人在发生任何应付款时免除所有债务，并且将B/L上托运人的货物作为欠船东的应付款的抵押品。）

定期租船合同是按时间租用船舶，与航程无关。承租人对船舶有完全的控制权，并应对租船期间的所有债务和损害承担责任。船东通常会收取预付款，以维护自己在此特定租船合同中的利益。

当承租人仅租用船舶 / 船只而没有使用任何燃料、备件、货物或保险时，则会订立光船租船或转管租船合同。承租人对船舶具有完全控制权，并需支付所有附带费用，例如燃料、备件、货物或保险。转管租船合同的变体允许在航运业中进行分期付款购买。这种形式的光船租赁由承租人发起，租期延长，目的是在租期结束时拥有该船。

2. 货物类型

远洋轮船上载运的货物种类繁多，通常不容易划入一个统一的分类系统中。但是，为简单起见，通常将货物分类为散货（湿或干）、散杂货和集装箱货物。图 8–3 显示了过去几年不同类型货物的增长情况。

散货（Bulk Cargo）通常是无包装运输的。通常将其倒入或放入船舱。有时托盘货物或装箱货物也被视为散货。散杂货（Break–Bulk Cargo）通常是单件装载在船上非集装箱的成组的货物。

集装箱货物（Containerized Cargos）通常是固定长度的（TEUs 或 40 英尺当量单位（FEUs））。通常将货物装入这些标准集装箱，然后再装船。例如，装在船舱里或装在船舱里的袋子里的玉米被认为是散货。同样的玉米装在单独的桶里，然后装船，就会被认为是散杂货。如果将玉米包装在 TEU 集装箱中，则将其视为集装箱货物。如图 8–3 所示，过去几年，集装箱货物的份额不断增加，而散货的份额却在不断下降。多年来，低廉的集装箱价格，再加上金融危机，促使集装箱运输行业进行内部整合（见图 8–4）。少数企业倾向于部署更大的集装箱船。马士基、地中海航运和达飞轮船这 3 家企业控制着全球 30% 的集装箱运输量。

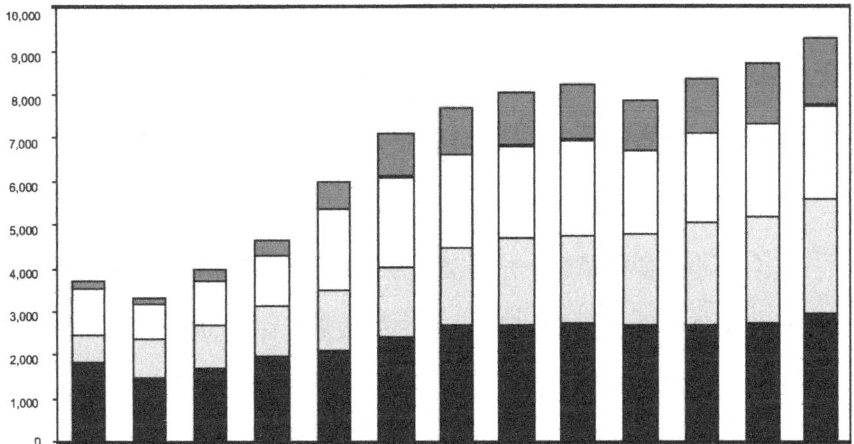

	1980年年	1985	1990年年	1995	2000年年	2005	2006年年	2007	20082年年	2009	2010年	2011年	2012年
集装箱货物	102	152	234	371	598	969	1076	1193	12491	127	1275	1385	1498
其他干式货物	1123	819	1031	1125	1928	2009	2112	2141	21732	004	2027	2090	2219
五大类散货	608	900	988	1105	1295	1709	1814	1953	20652	085	2335	2477	2547
石油和天然气	1871	1459	1755	2050	2163	2422	2698	2747	27422	642	2772	2796	3033

来源：联合国贸易和发展会议（United Nations Conference on Trade and Development，UNCTAD），Review of Maritime Transport 2012。

图 8-3 选定年份不同货物类型的国际海运贸易的增长（数百万吨装载量）

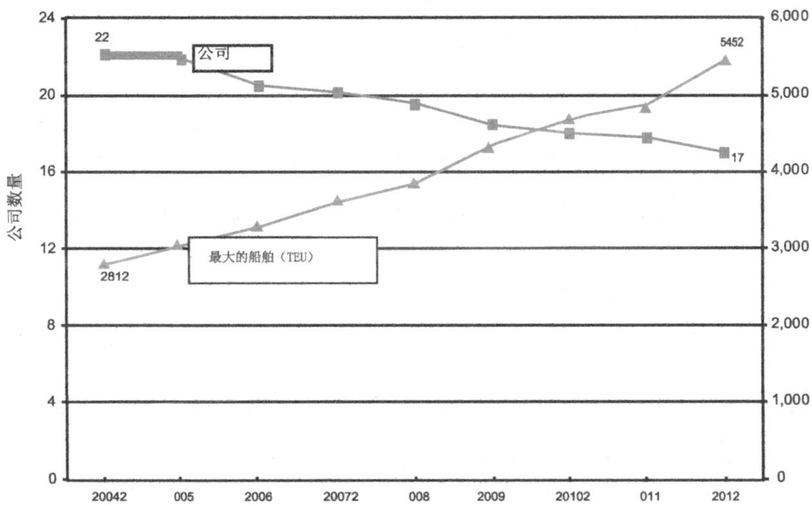

来源： Calculations by the UNCTAD secretariat, on the basis of data supplied by Lloyd's List Intelligence；RMT 2012 （UNCTAD Review of Maritime Transport）。

图 8-4 国际海运业概况

3. 船只类型

船只可以根据所运载货物的类型或大小进行分类。请注意，某些船舶根据其用途和所载货物的种类而适用于多个分类系统。

基于大小的分类如下。

（1）小灵便型船舶——通常服务于各种大小的港口，包括沿海运输。它们代表了世界上大多数船舶。它们的载重量在 15,000 ~ 35,000 载重吨，可以运载干湿货物。

（2）大灵便型船舶——运载干散货的主力，载重量小于 60,000 载重吨。

（3）超大灵便型船舶——通常用于沿海运输和小型港口的船舶。它们通常运输干散货，载重量为 50,000 ~ 60,000 载重吨。

（4）巴拿马型船舶——能横穿巴拿马运河的最大船只。巴拿马运河管理局规定的最大载重量为 65,000 载重吨。巴拿马型集装箱船的典型尺寸约为 5,000 个标准箱。船长限制为 275 米，宽度为 32 米，吃水深度为 12.04 米。它们主要被用于运载商品。

（5）阿芙拉型船舶——以平均运费评估（Average Freight Rate Assessment，AFRA）油轮费率系统命名的船舶。它们通常运载原油，载重量为 75,000 ~ 115,000 载重吨。

（6）苏伊士型船舶——专为在苏伊士运河航行而设计的船只。它们可以轻松地停靠在世界上大多数港口，并用于用集装箱装运干湿货物。它们的典型载重量范围为 120,000 ~ 200,000 载重吨。

（7）好望角型船舶——通常无法通过巴拿马运河或苏伊士运河的船只，它们必须通过合恩角或好望角。其载重量范围为 80,000 ~ 175,000 载重吨。

（8）新巴拿马型船——由于新巴拿马运河的修建而出现的尺寸更大、

效率更高的船只。它们有能力运载 15,000 个标准箱。通过新巴拿马运河的船只最大长度为 427 米，宽度为 55 米，吃水深度为 18.30 米。

（9）超巴拿马型船舶——为马士基建造的大型集装箱船（3E 级），运载量达到 18,000 个标准箱。计划还包括建造可容纳 20,000 个标准箱的集装箱船。

（10）超大型矿石运输船（Very Large Ore Carrier，VLOC）/ 巨型矿石运输船（Ultra Large Ore Carrier，ULOC）——铁矿石运输船主要从巴西前往欧洲和亚洲。VLOC 载重量通常大于 200,000 载重吨；ULOC 载重量大于 300,000 载重吨。1986 年建造的最大的 ULOC 博格 · 斯坦号（Berge Stahl）的载重量达 365,000 万载重吨，长度为 343 米，宽度为 65 米，吃水深度为 25 米。

（11）超大型原油运输船（Very Large Crude Carriers，VLCC）/ 巨型原油运输船（Ultra Large Crude Carriers，ULCC）—— VLCC 的载重量范围通常为 180,000 ~ 320,000 载重吨，它们服务于北海、地中海和西非港口；ULCC 的载重量大于 320,000 载重吨，可将原油从中东运送到欧洲、亚洲和北美。诺克 · 耐维斯号（Knock Nevis）是有史以来最大的 ULCC，载重量为 564,763 载重吨，长度为 458 米，宽度为 68.8 米，吃水深度为 29.8 米。

有些船舶是根据其服务的独特地理区域或所运载的特殊货物进行分类的，分类如下。

（1）马六甲型船舶——这些船只在马六甲海峡航行。它们的最大长度为 400 米，宽度为 59 米，吃水深度为 14.5 米。

（2）圣劳伦斯型船舶——可以通过圣劳伦斯海道船闸的船舶，最大长度为 225.6 米， 宽度为 23.8 米，吃水深度为 7.92 米。

（3）卡塔尔型船舶——这些船只以卡塔尔命名，并从卡塔尔向世界其他地方运输液化天然气。

（4）滚装船（Roll-On/Roll-Off，RORO）——机动车、火车车厢和牲畜通常由称为 RORO 的专用船运载。这样做的优势在于，货物不需要专门的起重机或龙门架来装载或卸载，因此人工费用通常更低。这样做最大的缺点是，在大多数情况下，船舶由于无法处理不同种类的货物而空船返回始发港。

（5）集装箱船——按价值计算，约有 60%的世界贸易是集装箱化的。集装箱船有不同的尺寸，最常见的尺寸的船只可以运载 5,000 ~ 6,000 个标准箱。较新的集装箱船， 称为 3E 级船，能够运载 18,000 个标准箱。

4. 旗帜

根据国际法，每艘船舶必须在一个国家 / 地区注册，并且必须悬挂该特定国家 / 地区的“旗帜”。船东可以选择他们想要在哪个国家 / 地区注册船舶。这导致了“开放注册”，即各国允许任何船舶在该国注册。悬挂旗帜的概念使该船被视为该国家地区的延伸。船旗国的海军对商船的安全负责。此外，船舶注册所在国家 / 地区的法律和法规也适用于该船舶。作为回报，该船舶必须在注册国家 / 地区缴纳税费。船东会根据最宽松的法规和最低的税率选择“方便旗”。图 8-5 给出了在特定国家 / 地区注册的船舶的外国所有权和国内所有权百分比。

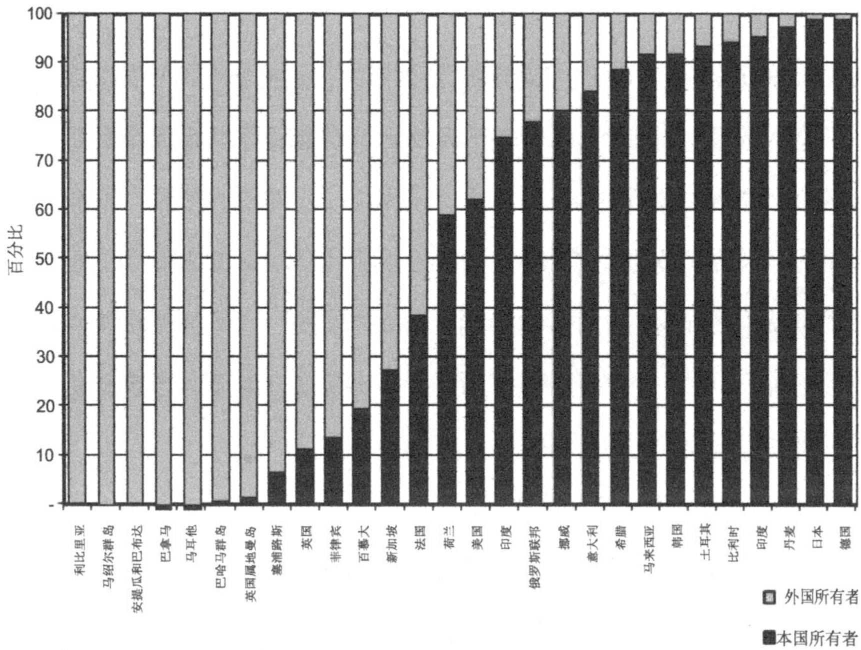

来源：UNCTAD 秘书处根据 IHS Fairplay 提供的数据编制。

UNCTAD《2012 年海运回顾》。

图 8–5　2012 年按注册旗帜划分的前 28 家船队的外国和本国所有者（船队，载重吨百分比）

5. 沿海航行运输权

最初，“cabotage”一词（源自法语单词 caboter，意为“沿着海岸航行”）指一国在其内陆水域航行的专有权利。该国可以决定哪些实体可以铺设内陆或沿海水道。该术语现已扩展到涵盖所有形式的运输。在美国境内，《琼斯法》允许由悬挂美国国旗的船只在两个美国港口之间运送货物。《琼斯法》和沿海航行运输权的支持者指出，这直接为美国带来 50 万个就业机会和每年 1,000 亿美元的经济产出。悬挂发达国家国旗的船舶的安全记录往往大于悬挂方便旗的船舶的安全记录。《琼斯法》的反对者指出，这会使运营成本增加，消费者运输货物的选择减少。

6. 责任

自 1936 年通过《海上货物运输法》以来，供应链变得更加复杂，多式联运的数量也有所增加。同时，与 20 世纪相比，技术和更新的通信形式改变了货物和文件的生成、安排和运输方式。联合国试图与时俱进，并提出了《海牙规则》《海牙 - 维斯比规则》和《汉堡规则》，但大多数国家从未批准这些文件。联合国于 2008 年通过《全程或部分海上国际货物运输合同公约》（通常称为《鹿特丹规则》）。适用于全球供应链的《鹿特丹规则》的主要特征如下。

（1）一份多式联运运输合同。

（2）用特别提款权（Special Drawing Rights，SDR）明确表达责任。

（3）考虑了电子商务的新规则、改进的导航设备以及新的经商方式。

（4）清晰描述了托运人、船东和收货人的权利和义务。

国际空运

在过去 50 年中，全球航空网络显著增长：自 20 世纪 70 年代以来，航空网络的规模基本上每 15 年翻一番。2011 年的客运量达 30 亿人次，货运量达 4,920 万吨。图 8-6a 和图 8-6b 给出了特定年份的旅客增长率（以旅客公里数计）和货物增长率（以货运吨公里数计）。

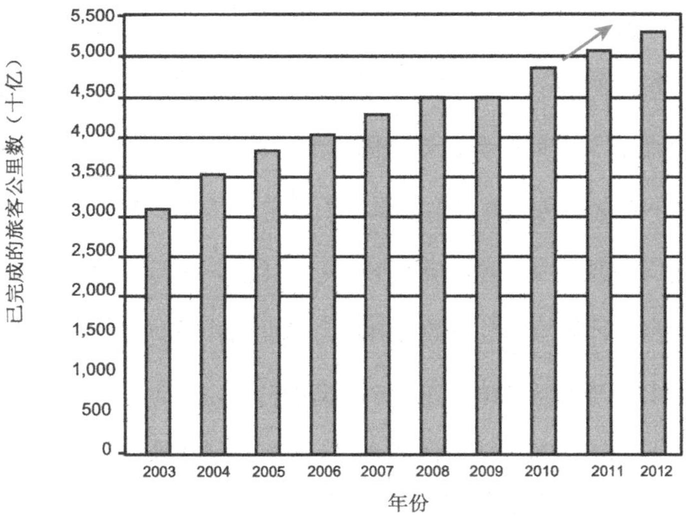

图 8–6a　以旅客公里数计算的计划总运输量（2003—2012 年）

来源：国际民用航空组织（International Civil Aviation Organization，ICAO）《理事会 2012 年年度报告》。

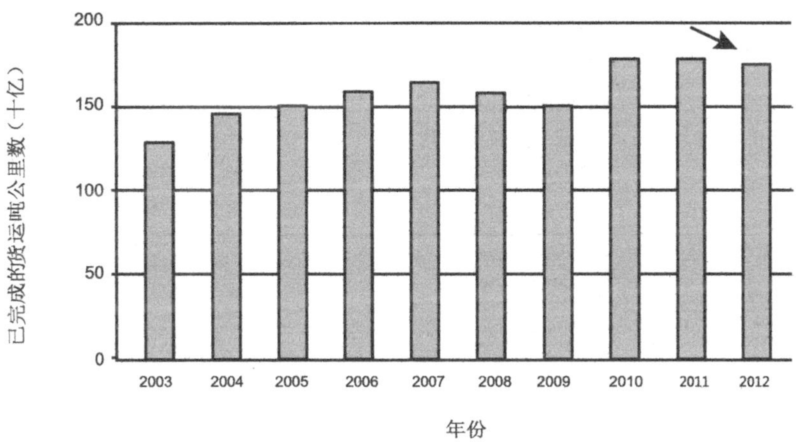

图 8–6b　以货运吨公里数计算的计划货运总量（2003—2012 年）

来源：ICAO《理事会 2012 年年度报告》。

1. 服务类型

航空业大致可分为客运服务和货运业务。客运服务又可分为定期服务和不定期服务。定期服务通常按固定的时间表运行，而不考虑短时间内的需求。不定期服务运营商主要服务于旅游业以及私人商务和休闲旅行。定期客运服务通常占总客运量的93.7%，而且这一数字一直在增长。表8-2给出了根据飞行的旅客公里数，2012年定期服务的航空公司的排名。表8-3给出了2012年旅客总数排名前25的机场。

表8-2　2012年按飞行的旅客公里数（国际＋国内）排名的航空公司名单

排名	航空公司	百万公里
1	美国联合航空公司	288,282
2	三角洲航空公司	271,567
3	美国航空公司	203,336
4	阿联酋航空公司	180,880
5	德国汉莎航空公司	142,512
6	西南航空公司	137,708
7	法国航空公司	135,821
8	中国南方航空公司	135,021
9	英国航空公司	124,318
10	澳大利亚航空公司	108,051

来源：IATA《飞行的旅客公里数》。

排名	城市	机场	乘客登机下机[a] 2012（千）	2011（千）	2012 / 2011（%）	飞机起降[b] 2012（千）	2011（千）	2012 / 2011（%）
1	佐治亚州亚特兰大	亚特兰大哈茨菲尔德—杰克逊国际机场	95,487	92,389	3.4	930	924	0.7
2	北京	北京首都国际机场	81,929	78,675	4.1	557	533	4.5
3	伦敦	希斯罗机场	69,983	69,391	0.9	471	476	-1.0
4	东京	东京羽田机场(国际)	66,795	62,585	6.7	391	380	3.0
5	伊利诺伊州芝加哥	奥黑尔国际机场	66,835	66,806	0.0	878	879	-0.1
6	加利福尼亚州洛杉矶	洛杉矶国际机场	63,688	61,862	3.0	605	604	0.3
7	巴黎	戴高乐机场	61,612	60,971	1.1	498	514	-3.2
8	得克萨斯州达拉斯—沃斯堡	达拉斯—沃斯堡国际机场	58,591	57,774	1.4	650	647	0.5
9	雅加达	雅加达苏加诺-哈达国际机场	57,773	51,533	12.1	380	346	10.1
10	迪拜	迪拜国际机场	57,685	50,978	13.2	344	326	5.5
11	法兰克福	法兰克福机场	57,520	56,436	1.9	482	487	-1.0
12	香港	香港机场	56,062	53,329	5.1	362	344	5.1
13	科罗拉多州丹佛	丹佛国际机场	53,156	52,849	0.6	618	635	-2.6
14	曼谷	曼谷素万那普国际机场	53,002	47,911	10.6	317	305	3.8
15	新加坡	樟宜机场	51,182	46,544	10.0	325	302	7.6
16	阿姆斯特丹	阿姆斯特丹史基浦机场	51,036	49,755	2.6	438	437	0.2

续表

排名	城市	机场	乘客登机下机[a]			飞机起降[b]		
			2012（千）	2011（千）	2012 / 2011（%）	2012（千）	2011（千）	2012 / 2011（%）
17	纽约	约翰·肯尼迪国际机场	50,819	49,198	3.3	402	409	-1.8
18	广州	广州白云国际机场	48,309	45,040	7.3	373	349	6.9
19	马德里	巴拉哈斯机场	45,195	49,671	-9.0	373	429	-13.1
20	伊斯坦布尔	阿塔图尔克国际机场	44,999	37,395	20.3	349	302	15.6
21	上海	上海浦东国际机场	44,880	41,448	8.3	362	344	5.1
22	加利福尼亚州旧金山	旧金山国际机场	44,477	41,045	8.4	425	4045	.2
23	北卡罗来纳州夏洛特	夏洛克—道格拉斯国际机场	41,228	39,044	5.6	552	540	2.3
24	内华达州拉斯维加斯	拉斯维加斯麦卡伦国际机场	41,668	41,480	0.5	528	532-	0.7
25	亚利桑那州菲尼克斯	空港国际机场	40,422	40,592	-0.4	450	462	-2.6
		总计	1, 404, 332	1, 334, 699	4. 4	12, 061	11, 909	1. 3

a营收和非营收航空承运商的乘客以及直接过境的乘客；定期和非定期服务。
b所有飞机起降（商业性和非商业性）。
来源：ICAO《理事会2012年年度报告》。

航空公司的货运业务通常可以分为定期空运服务和包机空运服务。定期空运服务的例子有联邦快递和联合包裹航空公司，它们以固定的时间在固定的航线上运行。包机空运服务的例子有波音公司的“梦幻号”和空中客车公司的“白鲸号”，它们在有需求时运输货物。飞机空运了大约 6.4 万亿美元的货物，占世界贸易总额的 35%。表 8–4 根据 2012 年的货运吨公里数列出了提供定期客运服务的航空公司的排名。

表 8–4　2012 年基于货运吨公里数（国际 + 国内）的航空公司排名

排名	航空公司	百万公里
1	FedEx	16,108
2	UPS航空公司	10,416
3	阿联酋航空公司	319
4	国泰航空	433
5	韩国航空公司	8,144
6	德国汉莎航空公司	175
7	新加坡航空公司	694
8	英国航空公司	4,732
9	中国国际航空公司	538
10	长荣航空公司	4,470

来源：国际航空运输协会，定期的货运吨公里数。

2. 租赁形式

各种运营商都可以直接购买客机和货机。但是在大多数情况下，租赁公司会购买飞机并将其租赁给各种运营商。这可以帮助运营商减少资本支出，并使他们能够根据需求调整飞机的运力，而无须花费太多资金。这样做的唯一的缺点是租赁费用更高。租赁可以分为 3 种。

（1）干租赁——出租人仅向承租人提供飞机。

（2）湿租赁——出租人向承租人提供飞机、机组人员、保险、维修和燃料。

（3）ACMI 租赁——出租人向承租人提供飞机、机组人员、维修和保险（ACMI）。

3. 关税和负债

航空业通常是按照市场能承受的收费原则来收取关税的。与海运一样，关税通常按体积或重量收取，以较高者为准。IATA 代表约 240 家航空公司，占航空总运输量的 84%。IATA 的职能之一是作为其成员航空公司的信息交换所，以确保世界各地乘客的无缝旅行。

货物损坏、人员伤亡或丧失行为能力的赔偿责任一直受到限制。当前，2009 年的《蒙特利尔议定书》已经生效，并限制了 SDR 的责任。

4. 开放领空

根据 IATA 和 ICAO 的规定，各国有权限制本国和外国航空公司进入其领空的数量。大多数国际航班是在双边基础上在国家之间进行谈判的。然而，1992 年美国和挪威实施了开放领空政策，取消了对航班数量、航线和运力的限制。2007 年，所有欧盟成员国都实施了同样的政策。目前唯一的限制是一些主要机场的可用着陆位数目。这一开放领空政策促使更多的航空公司开设飞往美国和欧洲的航线，也促进了联盟的发展，例如英国航空公司和美国航空公司之间的联盟，以及法国航空公司 / 荷兰航空公司和达美航空公司之间的联盟。

多式联运

国际运输的主要方式是远洋轮船运输和空运。但是，卡车和铁路等陆上运输本身就是很重要的运输方式。卡车和铁路通常提供国内运输服务，但它们也为国际运输提供了最后一英里的连接。对于内陆国家而言，卡车和铁路是连接全球供应链的重要手段。

托运商在任何国家租用卡车运载货物之前都要考虑的关键问题如下。

（1）卡车重量限制。

（2）在其运营的地理区域内的重量限制。

（3）受当地法律管辖的运营时间。

（4）基础设施（道路、桥梁、交通通畅度、码头）质量。

（5）可使用的卡车和拖车的尺寸。

托运商在通过铁路运输货物之前通常要考虑的问题如下。

（1）铁路的所有权（私人与公共，以及运输货物的补贴）。

（2）可用的基础设施（包括轨道轨距、线路电气化、系统维护、装卸码头和平台的可用性、与公路网络的连通性以及火车的行驶速度）。

（3）客流量与商品流量的关系，以及两者之间的优先级。

在美国国内，自 1990 年以来，由于破产、合并与收购以及提供的座位数和飞行路线的减少，航空承运商的数量一直在减少（见表 8–5）。由于并购，承载了大部分数量和价值运输的 I 类铁路的数量有所减少。卡车（汽车）运输是一个例外，这表明在美国道路行驶的运输工具数量有所增加。这可能是由于业务的分散性所致——卡车的所有权继续分散，更倾向于业主运营商。由于运输从水路转向卡车和铁路，内陆和沿海船舶运营商的数量稳步下降。这些船舶运营商也更容易遭受自然灾害的影响，例如干旱和洪水。管道运营商受市场力量的影响较小，因为他们专门以非常低的成本批量运输石油、天然气和黏性化学品等货物。

表 8–5 特定年份不同运输方式的承运商数量

	1990	1995	2000	2005	2010（年份）
航空承运商[a]	**70 9**	**6**	**91 8**	**5**	**77**
主要航空承运商	14	11	15	17	21
其他航空承运商	56	85	76	68	56
铁路承运商	**530**	**541 5**	**60 5**	**60**	**565**
I 类铁路	14	11	8	7	7
其他铁路	516	530	552	553	558
州际汽车承运商[b]	**216,000**	**346,000**	**560,393**	**679,744**	**739,421**
船舶运营商[c] U		**1,381**	**1,114**	**733**	**603**
管道运营商[d]	**2,198**	**2,367**	**2,157**	**(R) 2,329**	**(P) 2,219**
危险液体	171	197	220	(R)308	(P)350
天然气传输	866	975	844	975	(P)981
天然气配送	1,382	1,444	1,363	(R)1 ,388	(P) 1,241

关键字：P＝初步数据；R＝修改后的数据；U＝数据不可用。

来源：美国运输部（U.S. Department of Transportation, DOT），研究与创新技术管理局(Research and Innovative Technology Administration, RITA)，运输统计局(Bureau of Transportation Statistics，BTS)，表 1–2：航空承运商、铁路、州际汽车承运商、船舶运营商，以及管道运营商的数量。

a：运营商集团按其年度营业收入分为大型、全国性、大型区域和中型区域运营商。上一次调整门槛值是 1999 年 7 月 1 日，主要航空承运商的门槛值目前为 10 亿美元。其他航空承运商类别包括所有全国性、大型地区性和中型地区性航空承运商。从 2003 年开始，区域航空承运商无须报告财务数据，这可能导致本表中的其他航空承运商少报财务数据。

b：1990—2005 年的数据为 10 月至 9 月的财政年度的数字。2006—2009 年数据的日期为 2006 年 12 月 22 日、2007 年 12 月 21 日、2008 年 12 月 19 日和 2009 年 12 月 18 日的快照。2010 年数据是美国运输部截至 2010 年 12 月月底活跃的州际机动车辆的数量。州际机动车辆的数量是根据美国运输编号得出的。联邦机动车辆安全管理局在收到正式的状态变更通知后，将从机动车辆管理信息系统（Motor Carrier Management Information System，MCMIS）中删除它们。但是，有些企业可能会在不停用其美国运输部编号的情况下倒闭。因此，非活跃的承运商可能会被包括在 MCMIS 中。

c：印刷的原始材料中不包括运营商的总数，1993 年以前没有可用来确定数字的数据文件。

d：管道运输方式运营商之间有一些重叠。因此，管道运营商的总数低于 3 种管道运输方式运营商数量的总和。

多式联运是指通过一种以上的运输方式以统一费率运输同一种商品。

《鹿特丹规则》专门为多式联运提供并改善了文件、安全和赔偿责任条款。多式联运的一些特点如下。

（1）货物没有被多次处理；集装箱 / 托盘需要多次处理。

（2）单个多式联运 B/L 涵盖了所有运输方式，以提供“门到门”交付。

（3）EDI、互联网等技术可实现运输机构与政府各个部门（如海关和港务局）之间的协调。

（4）集装箱运输采用标准的 TEUs/FEUs 单位，以适应世界各地不同的运输方式。这保证了集装箱内货物的完整性。

（5）来自不同托运商的货物被合并在一个集装箱内，以降低总的运输成本。

（6）不同运输方式在成本和服务水平方面的优势被一起用来缩短运输时间。

（7）速度和灵活性带来的规模经济使散货运输的成本降低了很多。

（8）仓储和安全性得到了增强，因为运输单元或集装箱只在目的地打开。表 8-6 总结了导致多式联运增加的原因。

表 8-6　多式联运增加的原因

因素	原因	结果
技术	集装箱化和信息技术	多式联运创新；跟踪出货和管理车队
资本投资	投资回报	高昂的成本和长期的摊销；提高利用率以降低资本成本
联盟和M&A	放松管制	更容易达成合同协议；共同所有权
商品链	全球化	运输与生产协调（整合需求）
网络	合并和互联	乘数效应

来源：Jean-Paul Rodrigue. *Intermodal Transportation and Integrated Transport Systems: Spaces, Networks and Flows*（unpublished working paper, 2006）, p. 10.

卡车和铁路以及其他运输方式在国际贸易中发挥着重要作用。首先，卡车和铁路在加拿大被广泛使用，在墨西哥以有限的方式使用。由于NAFTA的限制，墨西哥和美国的卡车只允许进入边界内的某些位置。就国际贸易而言，卡车和铁路可以在美国和加拿大境内自由通行。表8–7列出了进出口商品的价值和数量细分。

表8–7 2010年按运输方式划分的美国国际商品贸易

			十亿美元
运输方式	**总贸易**	**出口**	**进口**
水运	1,434	455	979
空运	837	393	444
卡车	557	285	272
铁路	131	46	85
管道	63	5	58
其他和未知的	167	94	73
所有方式总和	**3,189**	**1,278**	**1,911**
			百万吨
运输方式	**总贸易**	**出口**	**进口**
水运	1,302	521	782
空运	<1	<1	<1
卡车	170	92	78
铁路	122	54	67
管道	96	8	88
其他和未知的	8	5	2
所有方式总和	**1,698**	**680**	**1,017**

来源：美国交通部、联邦公路管理局，货运管理和运营，2011年货运情况和数据。

多式联运增长的结果之一是人们开始探索新的运输方式，以降低总成本并缩短运输时间。其中一个创新是陆桥的概念。例如，北美洲大陆是远洋船只在亚洲东海岸港口和欧洲西海岸港口之间的障碍。为了克服这一障碍，联运公司现在正在使用美国和加拿大作为陆桥，从而将集装箱中的货物从上海运到西雅图，然后先通过铁路从西雅图运到纽约，再从纽约运到鹿特丹。在这种情况下，美国充当了太平洋和大西洋之间的陆桥。在陆桥上出现的一个大问题是，是否有多余的基础设施和人力来处理并不是运往陆桥所在国的国内市场的日益增多的货物。

将货物运输到全球供应链的推动者和重要参与者

（1）货运代理商。由于海关、关税、关税和非关税壁垒、法规、文件以及政府与运输机构之间的协调等方面的差异，跨全球供应链输送商品是非常复杂的。专业机构的发展就是为了处理这些复杂的问题。货运代理商是专门从事货物订舱、编制必要文件和计算运输总成本的中介机构。

（2）海关经纪人和海关代理人（Custom House Agents，CHAs）。这些人通常专门办理与国家海关进出口货物相关的清关手续。他们精通当地的法律文件需求和监管环境。

（3）无船承运商（Non-Vessel Openting Common Carriers，NVOCC）。航空货运公司、班轮公司和租船公司的船东很少与 FCL/LCL 的托运商互动，除非托运商使用船东的船队运送大量货物。船东通常将舱位批量出售给 NVOCC，后者再将舱位转售给个别客户。美国的 NVOCC 由联邦海事委员会监管。在大多数情况下，货运代理、CHAs 和 NVOCC 的职能可能存在于同一个企业中，以便为托运商提供无缝服务。

（4）3PLs。与 1PLs（托运商）和 2PLs（基于资产的承运商）相比，3PLs 提供功能性服务。3PLs 为其客户提供的服务包括取货和包装、基本的库存管理、仓储和配送。3PLs 的最新创新是进入非基于资产的解决方案领域，如包装和运输咨询、货运合同谈判、货运审计和跟踪、与供应链不同部分的财务结算、与客户的纠纷解决等。

（5）4PLs。4PLs 的角色仍在发展，其定义仍存在争议。一些人认为 4PLs 是一个完全非基于资产的软件解决方案公司，它向所有客户提供一个通用的软件和硬件平台，这使 4PLs 能够从不同托运商的货物、发货、运输和供应链效率的整合中降低成本。另一个思想流派将 4PLs 定义为提供 3PLs 的所有服务，但也具有促进商业的非基于资产的解决方案的要素的公司。

国际贸易术语解释通则

国际贸易术语解释通则（Incoterms）是总部设在法国巴黎的国际商会制定的规则。图 8-7a 和图 8-7b 所示为 2010 年国际贸易术语解释通则，于 2011 年 1 月 1 日生效。Incoterms 是经常被纳入合同（国内和国际）中的贸易术语，以澄清风险、成本和财产所有权等问题。使用 2010 年版 Incoterms 的合同在世界任何地方都能有相同的解释。该版本有 11 条国际贸易术语。B/L、空运提单（Airway Bill，AWB）或多式联运提单是除合同本身外尤其需要使用 Incoterms 的运输单据。

Incoterms2010 年®:

国际商会

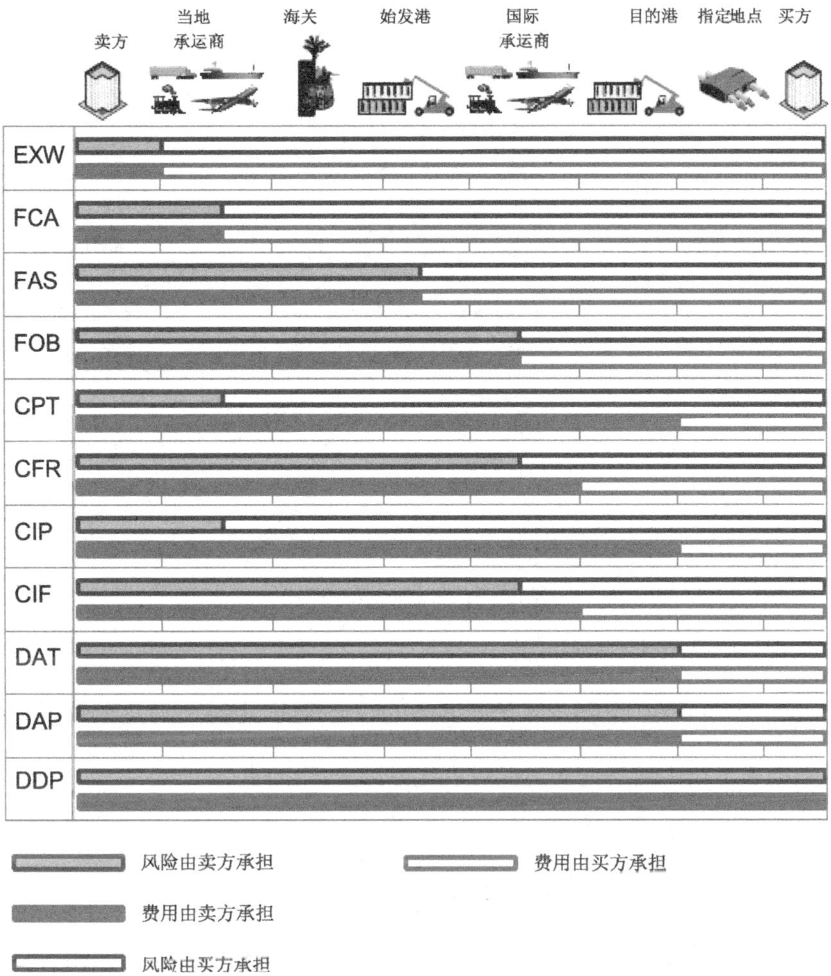

来源：ICAO《理事会 2012 年年度报告》。

图 8-7a Incoterms 2010

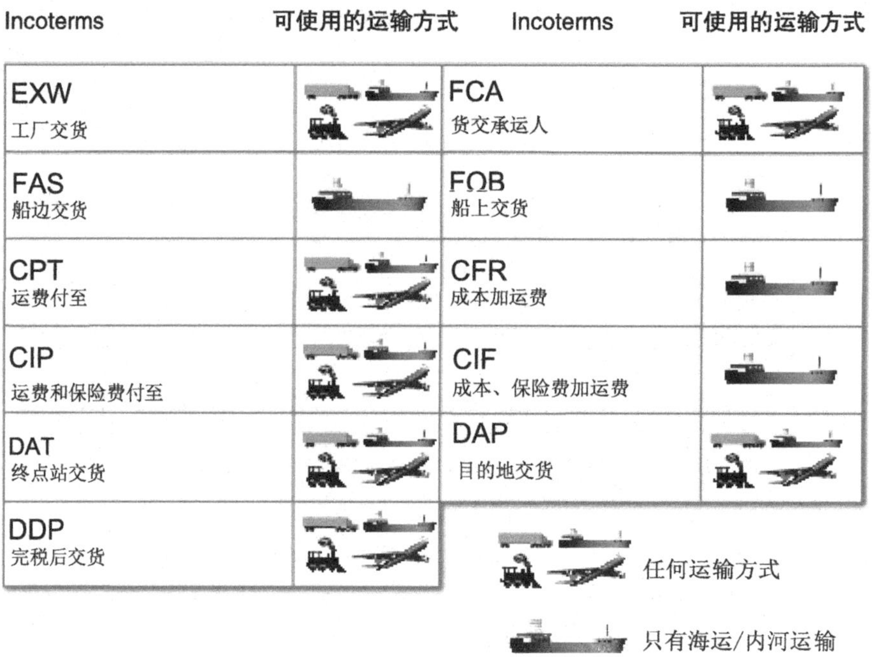

来源：ICAO《理事会 2012 年年度报告》。

图 8–7b　Incoterms 2010

以下是 11 条国际贸易术语及各条的简要说明。在多式联运的情况下，国际贸易术语中提到的承运商可以代替第一承运商。

（1）EXW：工厂交货（EXW 地点）。

卖方负责在卖方所在地提供货物。

费用：买方承担从卖方所在地到目的地的所有费用，包括运输费用。

货物的风险和所有权：货物交给买方时，风险就会转移给买方，货物所有权和风险从卖方转移到买方。

使用的运输方式：航空、铁路、公路、多式联运、集装箱运输、海运、内河运输。

（2）FCA：货交承运人（FCA 地点）。

卖方办理出口清关手续，并将货物交付至买方指定的承运人和地点。

费用：买方承担自货物在买方指定地点交付承运人之时起的所有费用。

货物的风险和所有权：货物在买方指定的地点交给承运人时，风险即转移给买方，货物所有权和风险从卖方转移到买方。

使用的运输方式：航空、铁路、公路、多式联运、集装箱运输、海运、内河运输。

（3）FAS：船边交货（FAS 装运港）。

卖方办理出口清关手续，并将货物放在指定港口的船边。

费用：买方承担自货物放置在船边之时起的所有费用，包括装载货物的费用。

货物的风险和所有权：将货物放置在买方指定的港口船边时，风险即转移给买方，货物所有权和风险从卖方转移到买方。

使用的运输方式：海运、内河运输。

（4）FOB：船上交货（FOB 装运港）。

卖方办理出口清关手续，并将货物放在指定港口的船上。

费用：买方承担自货物装船之时起的所有费用，卖方支付货物装载费用。

货物的风险和所有权：货物在买方指定的港口装船时，风险即转移给买方，货物所有权和风险从卖方转移到买方。

使用的运输方式：海运、内河运输。

（5）CFR：成本加运费（CFR 目的港 ）。

卖方办理出口清关手续，并支付包括运费在内的所有费用，直至到达买方提及的目的港。

费用：买方承担从货物到达目的港之时起的所有费用，卖方支付货物的装载和运到目的港的费用。

货物的风险和所有权：货物在始发港装船时，风险即转移给买方，货物所有权和风险从卖方转移到买方。

使用的运输方式：海运、内河运输。

（6）CIF：成本、保险费加运费（CIF 目的港）。

卖方办理出口清关手续，并支付包括运费在内的所有费用，直至到达买方提及的目的港。卖方代表买方购买保险。

费用：买方承担货物到达目的港之时起的所有费用，卖方支付将货物运到目的港的装载费、运费和保险费。

货物的风险和所有权：货物在始发港装船时，风险即转移给买方，货物所有权和风险从卖方转移到买方。

使用的运输方式：海运、内河运输。

（7）CPT：运费付至（CPT 目的地）。

卖方办理出口清关手续，并支付包括运费在内的所有费用，直至到达买方提及的目的地。

费用：买方承担从货物到达目的地之时起的所有费用，卖方支付货物的装载和运到目的地的费用。

货物的风险和所有权：货物在始发地交给承运人时，风险即转移给买方，货物所有权和风险从卖方转移到买方。

使用的运输方式：航空、铁路、公路、多式联运、集装箱运输、海运、内河运输。

（8）CIP：运费和保险费付至（CIP 目的地）。

卖方办理出口清关手续，并支付包括运费在内的所有费用，直至到达买方提及的目的地。卖方代表买方购买保险。

费用：买方承担从货物到达目的地之时起的所有费用，卖方支付将货物运到目的港的装载费、运费和保险费。

货物的风险和所有权：货物在始发地交给承运人时，风险即转移给买方，货物所有权和风险从卖方转移到买方。

使用的运输方式：航空、铁路、公路、多式联运、集装箱运输、海运、内河运输。

（9）DAP：目的地交货（DAP 目的地）。

当货物按其指定的运输方式抵达买方处并准备在目的地卸货时，卖方的所有责任即被解除。

费用：卖方承担直到货物准备通过某一运输方式在目的地卸下为止的所有费用（包括保险，如果适用）；买方支付卸货费用以及卸货后的其他费用。

货物的风险和所有权：卖方承担直到目的地和卸货点前的所有风险，之后货物所有权和风险从卖方转移到买方。

使用的运输方式：航空、铁路、公路、多式联运、集装箱运输、海运、内河运输。

（10）DAT：终点站交货（DAT 目的地）。

当货物从运输工具上卸下并在买方指定终点站交由买方处置时，卖方的一切责任即被解除。终点站包括不论是否有遮盖的地方，例如码头、仓库、集装箱堆场、公路、铁路或空运货站。

费用：卖方承担直至在买方指定的终点站卸货前的所有费用，买方支付 卸货后的所有费用。

货物的风险和所有权：卖方承担直至目的地前的所有风险，包括卸货，之后货物所有权和风险从卖方转移到买方。

使用的运输方式：航空、铁路、公路、多式联运、集装箱运输、海运、内河运输。

（11）DDP：完税后交货（DDP 目的地）。

当货物在买方要求的目的地交由买方处置时，卖方的一切责任即被解除。所有进出口清关由卖方负责。

费用：卖方承担直至将货物交给买方处置前的所有费用，包括装货费、卸货费、关税以及将货物运至买方目的地所需支付的任何其他杂费。

货物的风险和所有权：在买方接管货物之前，卖方承担直至买方目的地前的所有风险，之后货物所有权和风险从卖方转移到买方。

使用的运输方式：航空、铁路、公路、多式联运、集装箱运输、海运、内河运输。

以上资料来源：ICAO《理事会 2012 年年度报告》。

促进全球供应链运输的重要文件

在当前环境下，越来越多的国家 / 地区开始采用 EDI/ 互联网技术在各政府机构和实体（如买方、卖方、供应商、银行、港务局、货运经纪人和船主）之间传输重要文件。但是，这些国家只是少数，大多数文件仍然是手工完成的。与国内贸易相比，国际贸易对准确性和文书工作的要求相对较高。本节列出了促进全球供应链发展的一些重要文件及其功能。这并不是一份详尽的清单，每个国家在允许进出口货物之前可能都有自己的一套文件。

（1）形式发票——该发票包含买卖双方同意的初始报价。世界各地的一些海关当局要求形式发票成为强制性文件的一部分。形式发票上列出的内容、价格和贸易条件必须在实际的商业发票和装箱单中准确反映出来。

（2）商业发票——商业发票（或其副本）是货运随附的实际单据。商业发票原件可以与货物一起寄出，也可以通过银行渠道发送，就像使用信用卡作为付款方式一样。商业发票必须注明货物的性质、统一的系统编号、尺寸、重量、装运所用的国际贸易术语、贸易中使用的货币、装运信息以及买卖双方的名称和地址。

（3）装箱单——装箱单按单位尺寸（桶、托盘、箱、袋）对货物进行分类。它对商业发票中的说明进行了分类，并列出了实际包装在一起的货物单位。由于可以快速识别并隔离特定的货物，因此在货物发生损坏的情况下，本文件非常有用。它还可以帮助海关根据标识符（如批号）来唯一识别货物。

（4）B/L 或 AWB ——B/L 或 AWB 是主要的运输单据。 它列出了买卖双方的名称和地址、使用了贸易术语的国际贸易术语解释通则、运输合同条款、承运人的名称以及货物的识别标志。B/L 具有 3 个主要功能：作为托运人与承运人之间的运输合同；作为承运人收到托运人货物的收据；货物所有权证明。（通常，当货物被交付给“可转让”B/L 的持单人时，对每批货物都制定有限的可转让提单和空运提单。）如果船主在将货物装载到船上时未发现明显的损坏，则该提单被视为“清洁 B/L”。如果提单上注明有瑕疵，则该提单被视为“不清洁 B/L”，这可能会延误向卖方的付款时间。

（5）分析证书——大多数情况下，买方希望确保产品符合一定的标准。卖方通常会自己（或通过检验机构）出具一份分析证书，以使买方满意。

（6）进口 / 出口许可证——某些国家禁止或限制某些种类商品的进出口。在这种情况下，这些国家将在海关清关时签发进出口许可证。进口商和出口商需要事先检查他们想交易的商品是否在任何有关国家的“负面”或“限制”清单中，并应事先获得所有必要的进出口许可证。

（7）原产地证书——某些国家给予最不发达国家 / 不发达国家以优惠的进口关税，增加其进入市场的机会。 在另外一些情况下，一些国家可能希望与有限的国家进行某些商品的贸易。在所有这些情况下，进口商都必须提供出口商的原产地证书，以证明货物确实是在出口商的国家制造的。在大多数情况下，出口商所在国家的商会会签发此文件。

（8）检验证书——与分析证书相似。进口商要求一个独立机构在原产地或目的地（或两者）对货物进行检验，以证明其符合货物说明，并在重量、说明、单位数量和货物质量方面符合合同条款。然后，独立检验机构签发检验证书，上面会注明货物有无缺陷。

（9）保险证明书——当货物以 CIF 或 CIP 方式运输时，进口商通常会要求出口商提供保险机构出具的保险证明书，以便在不可预见的情况下能有保险机构承担装运的风险。与投机风险（损失或收益的可能性）相比，保险通常是提供给具有纯风险（即仅有损失的可能性）的商品或服务。损失可能是由于货物在运输过程中发生意外移动、被盗、暴露于空气、天灾、海盗和不可抗力条款引起的。就托运人而言，承保的风险越高，所支付的保险费就越多。保险类型通常有 3 种。

第一，海运货物保险条款（A）——托运人可以获得的最高保险是承保范围 A，类似于“一切险”，承保所托运的货物的一切损失或损坏。

第二，海运货物保险条款（B）——承保范围 B 通常被称为“指定险”政策，因为它明确规定了所承保的货物危险（如火灾、碰撞、水渍、沉船、弃船和海盗行为）。

第三，海运货物保险条款（C）——承保范围 C 提供 CIF/CIP 术语规定的最低承保范围。它通常对火灾、搁浅、沉船、碰撞和弃船等危险承保。

还有许多其他类型的保险，保险公司可以与出口商和进口商协商，根据特定客户的要求定制保险范围。

小结

本章重点介绍了运输如何使全球供应链发挥作用。我们介绍了基本的运输方式及其对国际贸易运作的重要性。我们研究了运输过程的主要参与者。我们详细介绍了已标准化全球贸易术语的 Incoterms。最后，我们研究了构成每种货运的基础的一些重要文件。

本章的主要内容如下。

（1）了解各种运输方式，以发挥全球供应链的作用。

（2）根据服务类型和规模来区分各种海运和空运服务。

（3）了解和适当应用 11 个 Incoterms。

（4）了解在国际贸易中运输货物的关键参与者的作用。

（5）了解运输所依据的关键文件的用途和重要性，特别是B / L的作用。

参考文献

[1]World Trade Organization （WTO）. Understanding the WTO: Who we are.

[2]United Nations Conference on Trade and Development （UNCTAD）. Review of Maritime Transport 2012.

[3]National Ocean Policy Coalition （NOPC）. Oceans Impact the Economy.

09

运输与可持续发展

可持续性通常被认为是一个强加在企业身上的负面概念，它增加了企业的总成本，却没有考虑到企业的生存。可持续性也被错误地与环境保护联系在一起。在现实中，可持续发展力求在每个企业中看似不相干的 3 个方面之间找到平衡：为股东保障经济价值；保护企业经营的环境；表达对社会和企业其他利益相关者的关心。这 3 个方面被称为三重底线（Triple Bottom Line，TBL）—— 经济、环境和社会维度。联合国布伦特兰委员会报告极好地阐述了可持续性这一概念。该报告将可持续性定义为“既满足当代人的需求，又不损害后代人满足自身需求的能力”。[1]《联合国 21 世纪议程》是布伦特兰委员会的后续行动，它要求工商界“通过在整个产品生命周期内更有效的生产过程、预防性战略、更清洁的生产技术和程序，减少对环境的影响，从而尽量减少或避免浪费。”[2]

传统上，企业经营采用的是“从摇篮到坟墓”的战略。一家企业通常提供一种产品，并确保其供应链有能力将产品交付给最终消费者。在消费者停止使用该产品后，该企业不监控或跟踪他们在何处、如何以及为什么要处理该产品。在大多数情况下，产品最终会被扔进垃圾填埋场，从长远来看，这将造成巨大的环境问题。在今天的环境中，来自政府、消费者和社会的压力正迫使企业重新思考开展业务的方式。企业正在考虑重新将原材料引入供应链，并使用创新的方法来设计、制造和将产品交付给消费者。这导致企业采取“从摇篮到摇篮”的战略。正如普华永道会计师事务所前全球首席执行官塞缪尔·迪皮亚扎所说：“2020 年的全球大型企业将是那些提供商品和服务，并以有助于应对世界主要挑战的方式接触新客户的企业，这些挑战包括贫困、气候变化、资源枯竭、全球化和人口结构变化。这不仅关乎社会责任，而且关乎发展一项可以在不同的全球经济环境中蓬勃发展的核心业务。”由于如《报废车辆指令》（ELVs）、《有害物质限制指令》（RoHS）和《能源使用产品指令》（EuP）等立法行动，抵制变化的企业将发现自己被迫进行变革。[3]

因此，为了接受可持续发展的概念，企业必须通过 TBL 的视角来看待世界。运输是将产品从原料来源处运送到最终消费者处，然后从消费者手中将其运回垃圾填埋场或供应链的一个推动力。此外，运输是一种派生的需求，因此它需要使用其他行业如服务业和产品制造业等的投入，而这些行业的产出通常是一种服务。不同的运输方式可以大致分为汽车、卡车、铁路、航空、海运 / 内河和管道运输。这些运输方式有时相互竞争，有时互为补充。因此，要分析运输的可持续性，必须在其运作的供应链环境中研究各个运输方式。

运输在可持续供应链管理中的作用

供应链是一个复杂的组织网络，它试图匹配消费者的最终需求与这些组织的所有供应约束。一家重点制造企业可以有多层的供应商和客户，每个供应商和客户都需要相互连接，以确保产品的顺畅流通。运输的作用是连接所有的供应商和所有的客户。此外，随着最近对“从摇篮到摇篮”战略的关注，运输在反向物流领域的作用有所增加。无论最终产品是被填埋还是被重新引入相同的供应链或不同的供应链中，运输都能实现这些功能。

SCM 存在两种主流观点：功能观点和流程观点。供应链运作参考模型（Supply Chain Operation Reference，SCOR）认为，SCM 的功能包括计划、来源、制造、交付和退货等要素。如图 9-1 所示，运输在产品的采购、交付和退货中起着很大的作用。

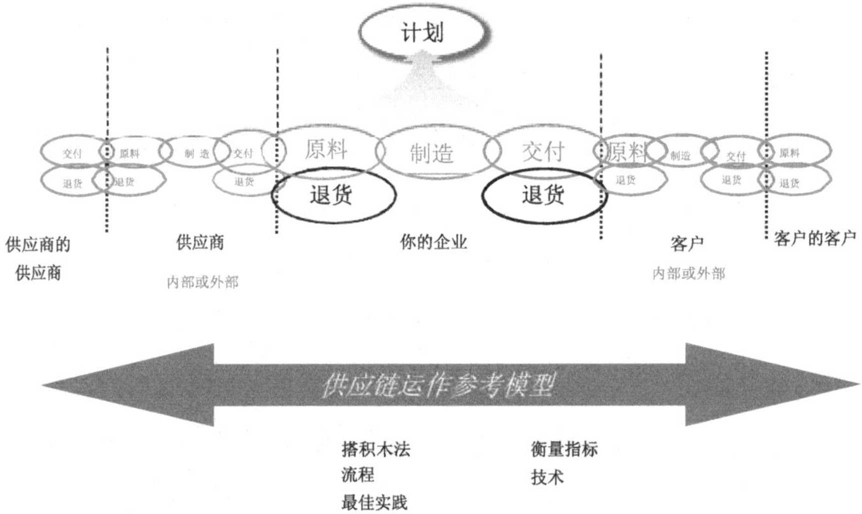

来源：《供应链运作参考模型——SCOR 概述》第 8 版，版权所有，2006，供应链委员会。

图 9-1　供应链运作参考模型

在 SCM 的流程观点中，运输在一些关键流程中发挥着重要作用：通过 JIT 和精益物流等技术来管理需求；按照企业所希望的频率和优先级完成订单；使通常分布在全球范围内的制造流程中的物料流得以实现；确保退货流程高效而有效地进行。因此，无论企业将 SCM 视为一种功能还是一种流程，运输都提供了供应链成员之间的物理连接。

交通运输约占全球能源使用量的 19%，并排放约 23% 与能源有关的二氧化碳。此外，交通运输业的石油需求占世界石油需求的60%，公路运输的石油需求占交通运输石油需求的80%。[4] 由于交通运输以及由此产生的二氧化碳排放量与人口和收入密切相关，目前的趋势是矿物燃料使用量的增加和排放量的增加，而这导致了不可持续。这是因为，最不发达国家和发展中国家正在朝着更高的生活水平迈进，而发达国家也正在努力维持其当前的繁荣水平。自1971年以来，运输部门的能源使用量增加了一倍多。能源消费大户主要有公路运输（客运）、公路运输（货运）、世界船运、国内航空、国际航空、管道运输、铁路运输、内河/沿海航运等多种方式。在全世界使用的各种燃料中，北美、中东、澳大利亚和日本主要使用汽油，其次是柴油、喷气燃料、压缩/液化天然气（CNG/LNG）、电力、生物燃料和煤炭。在世界其他地区（俄罗斯及其邻国除外），柴油是主要燃料，其次是汽油和喷气燃料。只有在俄罗斯及其邻国，汽油和CNG/LNG所占比例相等，并成为大部分燃料组合。公路运输（客运）部分通常被国际能源署（International Energy Agency，IEA）称为轻型车辆运输。IEA估计，除亚洲（不包括日本）外，大多数轻型车辆均以轿车和运动型多用途车（SUV）为主。但是，与世界其他地区相比，亚洲汽车的增长速度现在是最快的，反而在发达经济体中，汽车的份额实际上正在下降。

用每吨公里的二氧化碳当量（货运）表示的平均车辆效率表明，海运是排放温室气体最少的，其次是铁路货运、公路货运和航空运输。在客运中，按每客公里二氧化碳当量计算，铁路运输排放的温室气体最少，其次是公交车、两轮车、轻型客车和空运。

表9-1显示了美国不同运输方式的能源消耗情况。能源消耗最多的（单位是皮焦耳）是使用汽油和柴油作为主要燃料的轻型车辆运输。这准确

地反映了世界上正在发生的趋势。在轻型车辆运输之后的是公路货运（混合卡车）、公路客运和航空公司货运、水运/海运和铁路运输。与全球趋势相比，美国唯一的异常现象是，铁路运输比海运/内河运输消耗的能源少，这可能是因为与世界其他地区相比，其货运火车普遍较长。

表 9-1　特定年份按运输方式划分的能源消耗（皮焦耳）

	1995年	2000年	2005年	2010年	2011年
航空					
认证承运商[a]					
喷气燃料	1,825	1,980	1,892	1,575	1,547
通用航空[b,c]					
航空汽油	36	42	37	28	27
喷气燃料	80	138	217	204	212
高速公路					
汽油、柴油和其他燃料					
短轴距轻型车辆和摩托车[d]	9,003	9,664	10,235	(R) 11,502	11,732
长轴距轻型车辆[d]	6,014	6,982	7,764	(R)4,781	4,659
单车2轴6轮或以上的卡车	1,349	1,261	1,253	(R)1,991	1,871
组合式卡车	2,894	3,385	3,652	(R)3,947	3,718
公交车	142	147	148	(R)253	255
过境					
电	18	19	21	23	24
发动机燃料					
柴油[e]	99	86	78	85	84
汽油和其他非柴油燃料[f]	8	3	4	19	20
CNG	2	6	14	18	19
I类铁路（货运服务）					
馏分/柴油燃料	509	541	600	511	539
美国铁路公司					
电	1	2	2	2	2
馏分/柴油燃料	11	14	10	9	9
水运					
残余燃料油	930	1,012	818	(R)812	720
馏分/柴油燃料	342	331	293	(R)292	311
汽油	140	148	166	154	146
管道					
天然气	762	699	635	(R)733	744

关键字：R＝修订。

a：仅限国内运营。

b：包括用于空中滑行操作的燃料，但不包括通勤操作的燃料。

c：2010 年通用航空的能耗值是估计值。

d：2007–2010 年的组合卡车数据是使用 FHWA 开发的新方法计算的。这几年的数据是根据新的类别编制的，无法与前几年进行比较。新型短轴距轻型车辆的类别包括轴距（WB）等于或小于 121 英寸的乘用车、轻型卡车、货车和 SUV。新型长轴距轻型车辆的类别包括轴距大于 121 英寸的大型客车、货车、皮卡和运动 / 多功能车。

e：柴油包括柴油和生物柴油。

f：汽油和其他非柴油燃料包括汽油、液化石油气、LNG、甲烷、乙醇、船用燃料、煤油、谷物添加剂和其他燃料。

来源：美国交通部。

就美国的温室气体排放而言，表 9–2 列出了不同运输方式下二氧化碳、甲烷和一氧化二氮的排放量。正如所预料的那样，温室气体排放量与每种运输方式消耗的能源量有很强的相关性。轻型车辆运输，其次是卡车运输、公共汽车运输、空运运输、水运运输、铁路运输和管道运输，是温室气体的主要排放源。

表 9–2　1990 年和 2011 年按运输方式划分的温室气体排放量（百万吨二氧化碳当量）

	二氧化碳		甲烷		一氧化二氮	
	1990年	**2011年**	**1990年**	**2011年**	**1990年**	**2011年**
高速公路总排放量	1,190.5	1,470.4	4.2	1.3	40.4	14.5
汽车、轻型卡车、摩托车	952.2	1,065.1	4.0	1.2	39.6	13.6
中型和重型卡车及公共汽车	238.3	405.3	0.2	0.1	0.8	0.9
水运	44.5	47.4	0	0	0.6	0.7
空运	187.4	148.5	0.1	0	1.8	1.4
铁路	38.5	45.3	0.1	0.1	0.3	0.3
管道	36.0	37.7	0	0	0	0
其他	0	0	0.2	0.3	0.9	1.6
总量[a]	**1,497.0**	**1,749.3**	**4.6**	**1.7**	**44.0**	**18.5**

a：由于四舍五入，子类别的总和可能不相等。

来源：美国交通部。

交通拥堵一直是所有交通方式的问题，尤其是在城市地区。得克萨斯州交通研究所（Texas Transportation Institute，TTI）在2005年的报告中指出："美国各种规模的城市交通拥堵持续恶化，每年造成的经济损失达780亿美元，损失的工作时间达42亿小时，浪费的燃料达29亿加仑。"[5]据美国交通部的联邦公路管理局估计，到2035年，国家公路系统（National Highway System，NHS）的超载率将从2002年的3.35%上升到25.6%。交通拥堵将导致燃料消耗的增加和温室气体排放量的增加，此外还会导致工作时长损失和相当高昂的机会成本。更多的交通堵塞也意味着更高的事故发生率和受伤可能性。

导致道路拥堵的问题之一是公路信托基金的融资方式。目前的模式是向基金支付每加仑天然气的固定金额。但是，由于车辆效率提高，而且人们行驶的距离比以前短，因此，人们对维护现有道路网络的可用资金感到担忧。未来高速公路和道路系统的扩展需要的资金比基金目前拥有的资金多得多。

在美国，铁路是私有化的，除了美铁公司（Amtrak），它只负责运送乘客。如前所述，从1960年起，铁路的英里数急剧减少了50%，降至约14万英里。1980年《斯塔格斯法案》通过后，管制放松，铁路行业经历了稳步的整合。到目前为止，只有7家I类铁路运营商存在，这严重限制了竞争。铁路行业正显示出为未来进行投资的迹象。但是FHWA预测，从2002年到2035年，交通拥堵将增加30%。全国在连接西海岸和东海岸的大多数主要路线上，实际流量已超出铁路网络的承载量。

就机场的拥堵问题而言，美国交通部政府问责局（Government Accountability Office，GAO）在其报告中指出，到2025年，由于位置问题，即使 14 个机场获得额外资金，也将面临严重拥堵。表 9–3 列出了 14 个机场及其各自辐射的大都市地区。尽管机场数量很少，但在整个系统中，延误航班、错过转机以及对航空公司的更高罚款所带来的连锁效应将广泛存在。

表 9–3 14 个机场及其辐射的大都市地区

机场	大都市
亚特兰大哈茨菲尔德－杰克逊国际机场	亚特兰大
中途国际机场	芝加哥
拉斯维加斯麦卡伦国际机场	拉斯维加斯
长滩机场	洛杉矶
约翰 · 韦恩机场	洛杉矶
纽瓦克自由国际机场	纽约
约翰 • 肯尼迪国际机场	纽约
拉瓜迪亚机场	纽约
费城国际机场	费城
菲尼克斯空港国际机场	菲尼克斯
圣迭戈国际机场	圣迭戈
奥克兰国际机场	旧金山
旧金山国际机场	旧金山
劳德代尔堡/好莱坞国际机场	南佛罗里达

来源：美国交通部政府问责局（GAO）。

三重底线

TBL 的概念是由约翰 · 埃尔金顿（John Elkington）提出的 [6]。TBL 包括企业绩效的 3 个维度：利润（经济）、地球（环境）和人（社会）的底线。如图 9–2 所示，可持续性是 TBL 的交集。提出这 3 条底线的动机是，只有准确地衡量这些底线，才能做出改进。对 TBL 的批评之一是，它很难衡量。大多数时候，经济底线可以用一个共同的分母来表示，例如货币。但是，用相同的单位来衡量不同行业的环境和社会是困难的。此外，为每一条底线分配权重的方法可能会有很大的不同，这取决于企业及其经营环境。

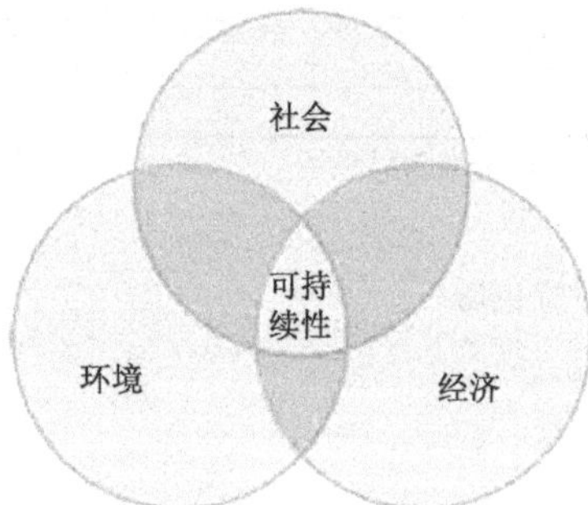

图 9–2　TBL 示意图

总部位于荷兰阿姆斯特丹的全球报告倡议组织（Global Reporting Initiative，GRI）试图衡量不同组织之间的 TBL。该组织与联合国全球契约、联合国环境规划署、经济合作与发展组织和国际标准化组织有战略联系。此外，该组织与地球宪章倡议、联合国贸发会议和国际金融机构有协同作用。GRI 鼓励企业自愿报告基于 TBL 的衡量指标（目前纳入其 G3.1 版本的报告衡量指标中[1]）。然后，该组织根据 G3.1 准则中公开的可持续性衡量指标对各企业进行评级。约有 5,604 个组织已开始自愿向该组织报告其可持续性衡量指标。

TBL 旨在用于企业层面。每条底线都可以进一步细分为不同的类别，但是为了简单起见，使用以下分类。

（1）经济底线：可以根据各个业务维度进一步细分。

1　全球报告倡议组织将治理结构从社会措施中分离出来。

①现金流和增长管理指标。

②资产负债表（资产利用率）指标。

③生产力和效率指标。

④需求管理指标。

⑤资本化指标。

（2）环境底线：可以根据环境影响的范围进一步细分。

①材料使用指标。

②能源使用指标。

③固体残渣指标。

④残留液体指标。

⑤残留气体指标。

（3）社会底线：可以根据企业对利益相关者的影响进一步细分。

①供应商。

②金融机构。

③客户。

④员工。

⑤当地社区。

⑥非政府组织（Non-Governmen Organizations，NGO）/ 媒体。

⑦政府。

一场大辩论集中在 TBL 变革的驱动因素上。迄今为止的共识是，只有当一个企业或国家看到了利益(经济上的)或社会要求改变(社会上的)，环境才会变得更好。环境问题本身不会迫使政府或企业减少或消除温室气体、排放物或任何其他污染物的排放。

前面提到的 GRI 报告准则通常适用于单个企业级别。由于以下原因，很难衡量整个运输行业的 TBL。

（1）缺乏通用标准——每种运输方式都有自己的一套指标和绩效标准。通常，它们并不互补。同样，某些运输方式下的货物和乘客也不能轻易地采用另一种运输方式运输。

（2）收集数据的局限性——许多机构正在收集不易比较的不同数据。在某些国家，由于战争、冲突或自然灾害，可能完全不能进行数据收集。在收集全世界的数据时，通常要经过几年的时间才能获得好的数据。同时，数据可能无法准确反映当地的实际情况。

（3）不同的目标——在运行其运输系统时，不同的政府和机构具有不同的目标。有些专注于盈利能力，有些专注于可达性，而另一些专注于补贴网络以实现低成本访问。每一个目标都会导致制定和强调不同的指标。

使交通运输更具可持续性的潜在解决方案

每一种产品在其生命周期中都有 4 个不同的阶段：制造前、制造和分销、使用和使用后。大多数涉及可持续性的概念都认为它延长了产品生命周期的使用阶段。延长产品生命周期的使用阶段只会增加产品的维持性，而不会提高其可持续性。为了提高产品的可持续性，必须全面考虑产品生命周期的所有 4 个阶段[7]。此外，在制造前阶段，在设计产品时要牢记，用于制造商品的原材料需要在产品的使用后阶段进行拆解和加工，并在第二个产品生命周期中作为原材料重新引入。因此，进入产品中的每一种原材料都需要被看作是超出产品的一个生命周期的应用，即在产品的多个生命周期中的应用。例如，尽管铝比钢更贵，但汽车发动机是用铝制成的，因为铝可以熔化并重复使用几次，而不像钢，钢往往在三四次重熔后就会坏掉。

为了实现真正的可持续发展，首次被引入产品的原材料应可以在其当前生命周期结束时被完全或部分重新引入供应链。这要求在产品生命周期的制造前阶段具有创新的设计能力。事实表明，这种创新已提高了企业的盈利能力。

欧洲的报废指令于 2000 年 9 月 18 日生效。该指令指出，汽车制造商应在其产品的生命周期的使用阶段后对汽车的最终处置负责。该指令要求至少要回收 85%的汽车。这导致制造前阶段的汽车成分发生了变化，这样汽车制造商才能够满足该指令。 具体来说，塑料的使用量增加了 50%，达到 133 千克。铝的使用量也急剧增加，达到每辆车 210 千克，比 2003 年增加了 120%，因为这种材料易于回收。目前正在测试用由天然纤维制成的材料来替代聚合物，以提高可回收性并减轻车辆的总体重量，同时提高燃油效率。汽车制造商越来越多地在设计（制造前）阶段使用生命周期评估工具，以确保它们符合更严格的法规[8]。

国际能源机构估计，未来将通过以下方式减少温室气体排放。

（1）模式转换——人们更喜欢乘坐高速列车进行短途和长途旅行。由于化石燃料价格昂贵，人们倾向于住在离工作地点较近的地方， 并可能会选择其他形式的交通工具，例如在市中心地区步行或骑自行车。

（2）效率提升——采用更好的方法管理运输网络和车队，以及在海上、空中和陆地找到更新、更快的路线以更快地到达目的地，同时减少温室气体的排放。

（3）燃料替代——电动汽车、混合动力汽车和氢燃料电池近年来变得越来越便宜，在提高效率的同时减少了温室气体排放。

在政策制定方面，一些法律正迫使运输业变得更加可持续。在美国，《能源政策与节约法》（Energy Policy and Conservation Act）启动了公司平均燃料经济性（Corporate Average Fuel Economy，CAFE）法规，以提高汽车和卡车的燃油效率。2011 年，美国总统奥巴马与 13 家汽车制造商签署了一项协议，计划从 2025 年开始将汽车的燃油效率提高到 54.5 英里 / 加仑。欧盟有一个不具约束力的目标，即到 2020 年将乘用车的平均二氧化碳排放量减少至 95 克 / 公里（2007 年为 159 克）。通过将此运输方式转变为其他运输方式并改进车的轮胎和利用空气动力学技术，该行业已率先减少了碳足迹和碳排放。

2005–2030 年，与运输相关的二氧化碳排放量预计将在全球范围内增长 57%。图 9–3 给出了各种运输方式运输每吨货物每公里排放的二氧化碳量。根据此衡量指标，航空运输的温室气体排放量最大，其次是公路运输，然后是海运和铁路运输。《京都议定书》将国际航空和海运排除在签约国的温室气体减排目标之外，并允许 ICAO 和国际海事组织（International Maritime Organization，IMO）自行制定其准则。根据 IMO 的数据，2007 年，航运业的碳排放量占全球总碳排放量的 3.3%，国际航运业排放的二氧化碳占全球二氧化碳总排放量的 2.3%。然而，因为 IMO 的成员之间没有达成共识，所以没有法律规定航运业必须减排。目前正在建造能够容纳 18,000 ~ 20,000 个 20 英尺当量单位（标准箱）的大型船舶，使其以较慢的速度运行，以提高燃油效率并减少碳排放。

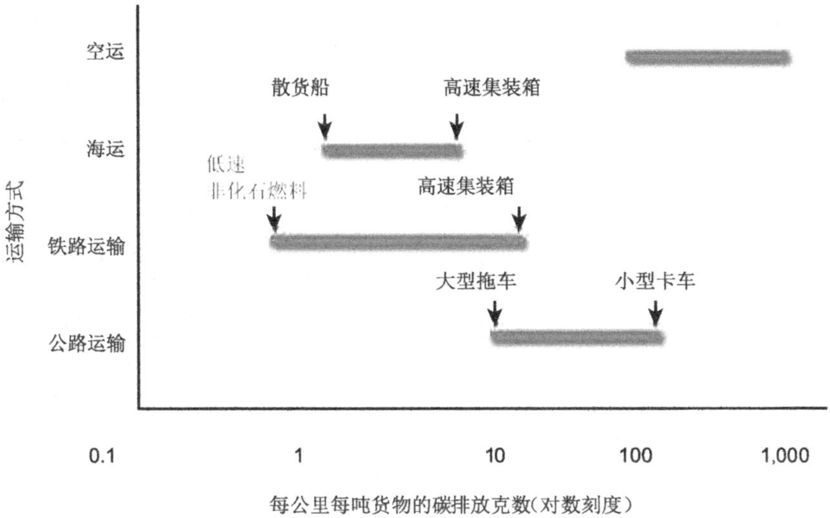

来源：《2012年海洋运输回顾》。

图9–3 按运输方式划分的货运中二氧化碳排放量的比较

（每吨货物每公里的碳排放克数）

此外，港口运营正在设法对环境更负责。瑞典的哥德堡港就是一个很好的例子。该港口能够为船舶提供由海岸附近风力发电设备生产的电，这样可以使船舶使用更清洁的能源行驶。该港口还正在开发LNG，并将其作为比化石燃料更清洁的替代能源。最后，与卡车相比，该港口试图通过铁路与斯堪的纳维亚半岛的城市建立更多的联系。2012年，该港口减少了50,000吨的二氧化碳排放[1]。这些发展代表了全球最先进的航运港口所采取的行动。

在航空运输业务方面，ICAO已经成立了一个委员会来研究减少排放温室气体和其他污染物的问题，但是大部分倡议来自当地社区或行业。

1 Port of Gothenburg.

许多国家已在夜间停止飞机作业，以减少噪声污染。欧盟和美国已禁止某些不遵守安全标准和预防性维护的航空公司。如果收货时间不是很紧迫的话，该行业还在考虑合并货运和FCL运输，或者完全绕开航空运输。

为了解决道路拥堵问题，特别是在美国，一项提议邀请私营部门按照公私合营（Public–Private Partnership，PPP）模式为建设新道路提供资金。这将导致更多的收费公路采用现收现付的模式。对这种模式的批评是，公民可能不愿为他们以前没有付款过的道路付款，并可能采取“邻避”（Not in My Backyard，即“别在我家后院”）的态度，以防止土地被征用来修建公路。

在航空运输业务方面，重点是在无法扩建主力机场的城市新建或扩建支线机场。此外，还要整合不同的运输方式，让消费者有更多的选择。例如，加利福尼亚州正在建设一个高速列车系统，以便在圣迭戈到旧金山的路线上与航空公司竞争。在华盛顿州、威斯康星州、印第安纳州和伊利诺伊州以及东北走廊地区，类似的铁路项目也在计划之中。多年来，铁路网络的运力一直在下降，而私营的I类铁路运营商正在扩大运力，因为它们在困扰着高速公路系统的拥堵中嗅到了机会。但是，“邻避”正在阻止铁路公司在人口密集的大城市地区大举扩张，而这些地区正是利润最大的地方。

小结

就其本质而言，运输业影响着我们在地球上的生活条件。运输是造成温室气体排放的最大因素，还会消耗大量能源。许多减少碳排放和提高燃油效率的倡议来自要求更加安全、清洁和高效运输的公民。政府立法是对运输业可持续性影响最大的因素之一，一些运营商通过积极测量和报告碳排放量与能源使用量，将可持续性作为其参与竞争的基础。特别是铁路运输，人们常说它能比卡车运输更有效地长距离运送大量货物。反过来，北美的铁路运输公司更加重视多式联运，并投资数百亿美元扩大其运力。许多大型卡车运输公司与铁路公司结盟，以利用这些环境效益来解决卡车运输中驾驶员短缺的问题。不幸的是，这些举措目前主要局限于北美和欧洲等先进的市场。大部分发展中国家仍然专注于通过传统手段以最低成本运输货物。然而，许多企业已经意识到，对环境和社会的关注程度越高，对经济底线的影响也越大。换句话说，对于更健康的企业和社会而言，保持精益、绿色和可持续发展是有意义的。也许在未来，这种信念会在世界范围内得到更广泛的认可。

本章的主要内容如下。

（1）运输对于商业和个人的流动至关重要，但是在商业和政策决策中必须考虑其更大的影响。

（2）TBL 概念为衡量和评估可持续性绩效的 3 个方面提供了方法，这 3 个方面是经济、环境和社会。

（3）生命周期评估有助于评估整个产品生命周期中业务决策对环境的影响， 包括制造前、制造和分销、使用和使用后阶段。重要的是要考虑使用和重复使用材料的预期生命周期。

（4）对可持续性的关注会影响运输方式的选择以及在该模式下承运人的选择。

（5）业界和政府必须共同制定有助于可持续发展的运输政策。

参考文献

[1]United Nations. Report of the World Commission on Environment and Development. General Assembly Resolution 42/187, 11 December 1987.

[2]United Nations Conference on Environment and Development（UNCED）, 1992.

[3]T. Engen, S. DiPiazza. *A Broader Approach to Accountability*. World Business Council for Sustainable Development, 2005.

[4]*World Energy Outlook 2008*. International Energy Agency.

[5]David L. Schrank, Timothy J. Lomax. *The 2007 Urban Mobility Report*[J]. Texas Transportation Institute, Texas A&M University, 2007.

[6]John Elkington. *Cannibals with Forks: The Triple Bottom Line of the 21st Century Business*[M].Oxford: New Society Publishers, 1998.

[7]]F. Badurdeen, D. Iyengar, T.J. Goldsby, J. Metta, S. Gupta and I.S. Jawahir.Extending Total Life–cycle Thinking to Sustainable Supply Chain Design[J].*International Journal Product Lifecycle Management* 2009, 4（1–3）:49 - 67.

[8]Jason Gerrard, Milind Kandlikar. Is European End–of–life Vehicle Legis lation Living up to Expectations? Assessing the Impact of the ELV Directive on “Green” Innovation and Vehicle Recovery[J]. *Journal of Cleaner Production* .2007,15（1）:17 - 27.

| 第三部分 |

未来的运输

本部分专门讨论当代物流问题，包括其可持续性，并对运输的未来作了展望，只有1章：“未来运输将如何表现”，关注一些正在迅速发展、会影响交通运输业未来发展的趋势。

10

未来运输将如何表现

社会的运输需求随着时间的推移而变化，它反映着不断变化的客户品味、技术进步以及地缘政治 / 立法环境。本章以史上最成功、最具历史意义的运输渠道之一——丝绸之路为例，对这一问题进行了研究。丝绸之路绵延约 4,000 英里，穿过亚洲大陆， 延伸到欧洲部分地区，它因利润丰厚的中国丝绸贸易而得名，中国丝绸在公元 100—1400 年是整个欧洲非常有价值的商品。陆路运输通过驮畜来背运大量货物；水上运输通过风力帆船来运输大量货物。

丝绸显然是丝绸之路上最有价值和交换最频繁的商品之一，但也有其他几种商品交换，包括陶器、纸张、香料、宝石、金属。西方消费者对丝绸和香料的需求，再加上东方的宝石和金属，使得这条路线对商人来说特别有利可图。随着时间的推移，商队和商队线路的发展也使沿这条路线进行更多类型的商品贸易成为可能。再加上当时大部分地区相对稳定的政治环境， 这些因素保证了这条线路多年的繁荣。

亚洲丝绸之路在当时是一个伟大的运输网络。大城市沿着这条道路发展起来，成为现在所说的仓储和交叉对接的地点。其中几个城市和相关的文化繁荣至今。然而，在 13 世纪和 14 世纪发生了一些变化，最终导致了这条路线上的运输和贸易的结束。首先，社会文化的变迁，以及丝绸之路沿线地区人口的增长，对贸易产生了有害的影响。沿线人口不断增加，农田也随之扩大，这意味着商人经常要经过农田，这引起了冲突。小冲突变得越来越普遍。此外，大部分地区的政治环境越来越不稳定，商人的安全越来越难以得到保障，丝绸之路难以维持。最终，在1335年，中东的一些地区互相争斗，导致丝绸之路的中东分支路线中断，欧洲商人与其中国同行失去了联系，最终导致这条路线解体。

社会文化（人口的增长以及随之而来的对土地私有的要求不断增加）、技术（武器的广泛使用）以及地缘政治 / 立法（统治政权的崩溃和民兵之间的战斗）等几个因素导致了丝绸之路（当时最成功的运输和贸易路线之一）可行性的范式转变。直到今天，上述几个因素仍然很重要，它们可能会影响到未来的运输领域。在本章中，我们将讨论许多新出现的问题，我们认为这些问题可能与交通运输业的发展有关。我们把讨论分为三大趋势，这些趋势可能会产生较大的影响：消费者购物行为的变化（社会文化变化）、技术的变化以及立法 / 地缘政治和社会变革。某些技术已经在使用中，并且处于商业化的不同阶段（有些甚至已经完全商业化并实现了盈利）；其他的还处于生命周期的早期，纯粹是因为它们的潜力而被囊括进来。

消费者购物行为的变化对运输业的影响

过去的10年里，一些新发展要么已经改变、要么有可能改变消费者的购物方式，最终可能会影响供应链，进而影响供应链中的运输需求。不出所料，其中可能最大的两个变化都与我们这个时代最伟大的发明之一——互联网有着千丝万缕的联系。这些变化涉及将互联网用于商品销售

（互联网零售（Internet Retailing，IR））和商品分发（3D 打印）。IR 和 3D 打印都对未来的运输业产生了重大影响。

互联网零售

1994 年，第一个用于商业用途的万维网（WWW）浏览器在 3 年前发布。一位年轻的企业家意识到万维网在全球销售商品上的商业潜力，辞去了华尔街的工作，驱车近 3,000 英里前往华盛顿的贝尔维尤，在那里他开设了一家独特的在线"商店"。不到两个月，商店每周的商品销售额就超过了 2 万美元。如今，该商店已发展成为全球最大的在线零售商之一——亚马逊网站，收入超过 610 亿美元。

总体而言，消费者通过互联网购买商品的比例以惊人的速度持续增长。在线零售在美国零售总额中的比例从 2002 年的 3% 上升到 2008 年的 6% 以上。尽管 21 世纪初，许多在线零售商迅速地采用互联网进行营销，但其他一些零售商却迟迟没有认识到，要实现及时、高效送货的宏伟承诺所要面临的一系列挑战。然而，现在很难找到一家没有在线业务的零售商了。因此，消费者在网上购物时有很多选择，从他们最喜欢的百货商店的在线版本到没有实体店的纯互联网零售商。

从零售商的角度来看，互联网购物的爆炸式发展带来了几个独特的挑战。显然，管理运营和订单履行对在线零售提出了与实体零售不同的挑战，对实体零售来说，最重要的 3 条规则仍然是"位置、位置、位置"。互联网通过提供网上购物的送货上门服务，消除了实体零售中零售商必须争夺的位置优势。然而，消除位置问题是有代价的，这会对运输产生影响。

（1）包装尺寸更小。传统零售商以及传统运输专家长期以来一直专注于运输相对大批量的货物。传统的制造商—分销中心—零售商店（Manufacturer– Distribution Center （DC）– Retail Store）的产品分销模式帮助这些业务合作伙伴专注于大批量运输（通常是数个托盘装载或整车装载）。然而，IR 模式挑战了这个长期发展形成的商业模式，迫使管理者以创新的方式应对他们的运输挑战。正如预期的那样，随着包装尺寸（以及由此而来的订单价值）变小，作为销售价格的函数的运输成本不断增加（由于无法形成规模经济）。此外，在网上购买产品的送货上门的过程中，大多数交付成本是变动的[1]，因此几乎没有（如果有的话很少）规模经济。最终的结果是，除非运输成本能够得到控制，否则利润就会减少。有消息称，当时 Kozmo 公司每投递一个包裹就要花费近 10 美元，再加上平均订单金额约为 15 美元这一事实，这被认为是该公司亏损并最终倒闭的原因。

（2）运送到多个地点。传统零售配送中心具备以下配置：从一组确定的供应商那里接收产品，然后将这些产品运送给一组确定的（通常是有限的）客户。IR 的一个主要缺陷是，配送中心现在必须应对向数十万客户（其中大多数在地理上是分散的）发货的挑战。与传统零售相比，传统配送中与运输相关的传统运营要素（用货盘装运、装载到卡车等）在 IR 中变得非常不同，这造成了全新的复杂性。在美国，一些计算表明，只有纽约市的销售集中度和人口密度足以支持纯 IR 交付商业模式的盈利。

增材制造 /3D 打印

我们已经研究了 IR 将如何改变未来的运输领域。现在我们来看看如何使用互联网进行商品分销来达到同样的目的。尽管 IR 可能会改变运输方式，但3D打印有可能完全消除运输需求（或至少会大大减少运输需求）。想象一下这样的场景：你早上醒来，去洗手池刷牙。然而，就在你启动电动牙刷的时候，刷头"啪"的一声掉了下来，你家里没有备用的刷头。在这种情况下，你要么跑到商店买一个新的刷头，然后回来刷牙，再穿上衣服去上班（同时希望自己上班不会迟到）；要么在网上订购一个新的刷头，然后用一个旧的手动牙刷（假设你家里有一个）刷牙。3D打印有望改变这一切。有了3D打印，你就可以在家用打印机上从零开始"生成"一个新的刷头。只要有合适的打印机、软件、图纸和输入材料，通过3D打印，客户就可以在家里"制造"多种产品。

3D打印也称为"增材制造"（Additive Manufacturing），是一个已经存在了一段时间的概念。但是，近些年这个想法才引起了广泛的关注。3D打印的基本原理如下：用户设计产品，通常使用计算机辅助设计（Computer-Aided Design，CAD）程序；然后，软件获取CAD设计的虚拟蓝图，并将其"切片"为数字横截面。理解这一点的最简单的方法是将其可视化（见图10-1）。想象一下将黄瓜切成极薄的薄片，然后，"打印机"使用这些"切片"来连续地作为打印指南。打印机从最内层的切片开始构建它，然后将第二个切片层叠在第一个切片上，并用专门的黏合剂将其粘住。随后，将材料和黏合剂沉积在构建床或平台上，直到完成分层并 "打印"出最终的3D模型。典型的家用打印机使用彩盒。相比之下，3D打印机使用"物料盒"（例如铁和碳）。这只是过去10年图书市场变化的一个延伸。在20世纪初期，读者不得不读纸质书，但是现在他们可以下载电子书。如果他们选择打印这本书，则可以用家用打印机逐页对书进行"切片"并打印页面（切片的分层）。

随着3D打印的发展，你可以想象人们（以及制造商和零售商）将他们的设计存放到在线存储库中供其他用户使用（类似于客户上传产品评论或在线零售商将产品存放到虚拟商店的货架上的方式）。因此，互联网不仅可以成为商品销售的来源，也可以成为商品分销的来源。我们所描述的大部分技术已经存在，但目前它们太昂贵且未经测试，无法被广泛采用（真实的3D打印机的图像见图10-2）。尽管如此，在不久的将来，这两个问题都很有可能得到解决，3D打印有望被广泛使用。

不出所料，3D打印有望在多个方面改变企业的经营方式。例如，客户可以成为制造商，可以自己制造产品。他们只需要原材料（如塑料颗粒），然后他们就可以根据自己的设计来制造产品。我们所知的传统制造业的需求将大幅减少。制造商将更加专注于开发高质量的产品蓝图，这些蓝图将通过云计算进行存储和交付（特别是对于简单的产品）。这将对运输产生以下几个影响。

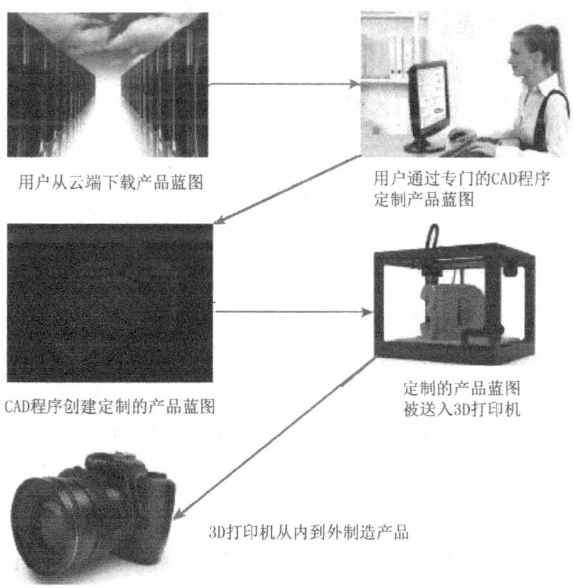

图10-1　3D打印的工作原理

（1）减少运输需求。客户成为自己的专属制造商后将减少购买制成品的需求。当然，这并不意味着没有消费者会购买制成品。例如，即使消费者可以下载电子书（相当于 3D 打印“蓝图”）并进行打印（相当于 3D 打印“制造”），纸质书仍然会有市场。然而，可以想象的是，对运输的需求至少会有所减少，因为许多非食品产品有可能在终端客户层面生产。

（2）运输中产品的组合不断变化。目前，大多数下游运输（从制造商到终端客户）主要由制成品组成。如果客户有能力制造自己的成品，这种运输的重心可能会转移到运输原材料而不是制成品上。

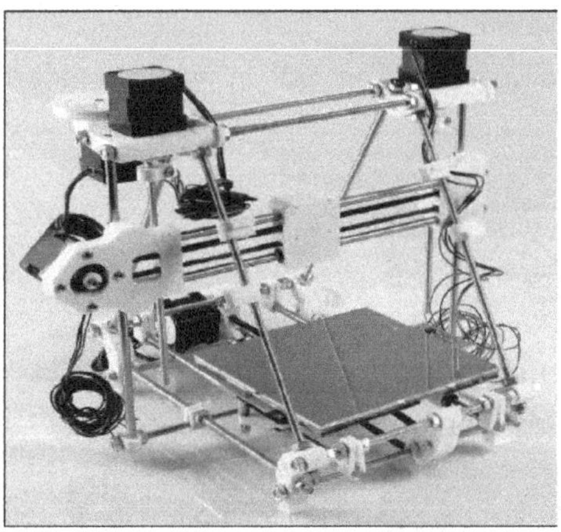

图 10-2　真实的 3D 打印机

技术的变化对运输业的影响

技术变化不仅影响客户购物的方式，还影响运输业支持这些活动的方式。21 世纪的第一个 10 年是软件的 10 年。软件技术的一些发展直接影响了运输业，其中包括 ERP、MRP、TMS、路由和调度以及云计算。在未来，其他一些技术的发展有望进入主流市场，这将对交通运输产生重大影响。

自动驾驶汽车

自动驾驶汽车的概念已经出现了好几年，但迄今为止，它很难引起人们足够的兴趣来获得可行、可用的认可。造成这种情况的原因有很多，但我们不在这里讨论。现在人们感兴趣的是，这种技术正变得越来越先进，可以认为这是一种可行的生产可能性。在撰写本书时，美国的 3 个州（佛罗里达州、加利福尼亚州和内华达州）均已通过法律，将自动驾驶汽车在其境内合法化。

目前，一些技术正试图在自动驾驶汽车市场上争夺霸主地位。它们都涉及位置监测（如 GPS——见第 6 章“运输技术”）、雷达和激光 / 车道可视化的某种组合。GPS 帮助车辆找到它的当前位置、目的地以及到达目的地最有效的路线。预先加载有限速提示的地图能够确保车辆在任何时候都保持在规定速度范围内行驶。激光 / 车道可视化设备可以捕捉前方道路的动态影像，将数字化的图像解析为直线或虚线（车道标记）。在大多数情况下，车辆应该保持在线内行驶，因此，如果车辆偏离并接近或到达车道标记，则车辆会轻推自己离开标记，就像驾驶员会做的那样。最后，雷达设备可确保车辆不会过于靠近其他物体（如车辆和行人）。这 3 种技术结合在一起，并通过车载计算机相互通信，可以使车辆自动行驶（见图 10-3）。

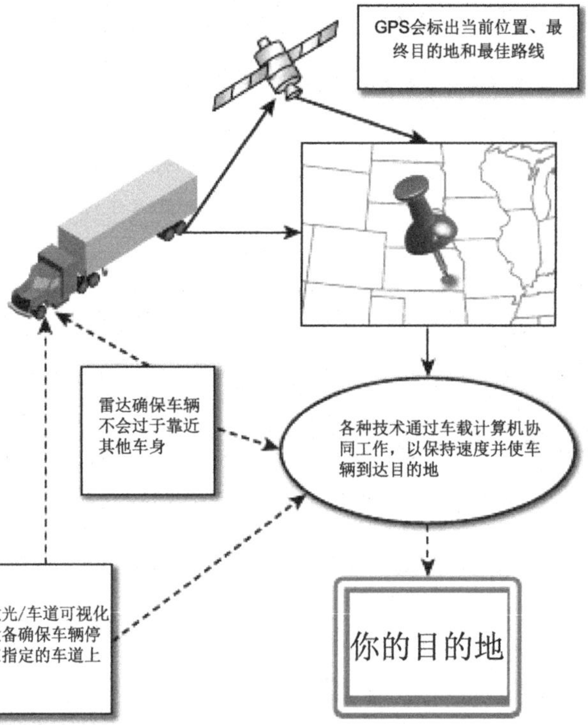

图 10–3　自动驾驶汽车的工作原理

距离大众市场大规模引入自动驾驶汽车仅数年之遥。几家商业制造商已经在大规模开发或测试自动驾驶汽车。通用汽车（General Motors）、戴姆勒（Daimler）和日产（Nissan）等汽车制造商已公开表示，到 2020 年，它们预计将拥有几款可以自动驾驶的商用车型。谷歌制定了一个更为雄心勃勃的目标，即在 2017 年将这项技术引入市场。尽管前面提到的应用主要用于自动驾驶汽车，但自动驾驶卡车也出现了类似的发展。例如，卡特彼勒公司（Caterpillar Inc.）已经在澳大利亚的一个铁矿石矿山引入了一批 240 吨级的自动驾驶卡车。这对运输业有一些影响，接下来我们就其中的一些影响进行讨论。

（1）降低了劳动力成本——仅在美国，就有大约 570 万有执照的专业驾驶员，他们驾驶着庞大的货车、卡车和拖拉机拖车。据报道，一名有福利的全职驾驶员要花费这家运输公司6.5万~10万美元。消除了对劳动力的这种需求，就消除了运输网络的大量成本，这将带来更高的利润和更低的货物落地成本。当然，在不久的将来，并不是所有的驾驶员都将被自动驾驶取代，但似乎会有一部分被取代。据估计，在美国，驾驶员的短缺率高达15%或更多，引进自动驾驶卡车有望大大缓解运输经理和主管的压力。

（2）不断变化路线规划算法——目前，许多卡车驾驶员沿着固定路线行驶，卡车每隔几天（在某些情况下甚至是每天）就会返回始发点。因此，大多数卡车实际上是在一组地点之间来回穿梭服务。然而，随着自动驾驶汽车的出现，返回始发点的需要将大大减少，特别是驾驶员将不需要定期回家。卡车可以被送到最需要的地方，从而提高运输网络优化的效率。

（3）HOS规则可能出现——目前，没有任何法规涵盖任何有关自动驾驶车辆的HOS规则，但在该技术成为主流之后，情况不一定会如此。不过，既然这些卡车可以自动驾驶，似乎没有任何直接的理由来实施任何HOS限制。这意味着可以减少闲置时间，从而降低运输成本，增加产品的保值期。

智能运输系统

想象一下这样的场景。你要开车去棒球场观看自己最喜欢的球队参加的今年最大的对抗赛。你快迟到了。当你到达那里时，你才发现停车场已经满了。（这并不奇怪）。现在你开始寻找停车位。你要花30分钟才能找到一个停车位，再花 15 分钟才能走到赛场。你不高兴，这是可以理解的。你的朋友告诉你："你应该早点到那儿。"现在想象一下，如果你的汽车可以指引你到最近的空地，而你不必四处张望，你就可以节省宝贵的时间，不会错过比赛，还可以在离开办公室之前完成更多的工作。这就是智能运输系统（Intelligent Transport System，ITS）的承诺。ITS 背后的理念是，以每辆车都能即时跟踪并共享信息（关键是共享）的方式，将运输用户网络中的每辆车连接起来。当所有（或至少大量）的用户向集中式 ITS 报告信息时，每个人都可以快速确定事故和交通阻塞的位置，以及采取什么路线来避让它们。对于货运而言，这意味着可以通过更有效的交通方式和更少的货物"停留在路上"的时间来缩短行驶时间。

当今，许多现代汽车和卡车都配备了移动定位和导航系统。这些系统可以提供转弯指示和餐厅、咖啡店或休息区的信息。其中许多系统还结合了实时交通信息，以便在拥堵和事故发生时向驾驶员发出警告。然而，问题在于这些系统只与驾驶员通信，而不与其他车辆或道路通信。随着 ITS 的发展，这将很快改变。

一些国家已经意识到采用集成 ITS 对运输的影响。例如，中国 2009 年在 ITS 上花费了 28 亿美元。美国政府的《2010–2014 年智能运输系统战略计划》设想了"一个全国性的、多式联运的地面运输系统，其特点是在车辆、基础设施和乘客的便携式设备之间建立互联的运输环境"。它还预测了"一种互联环境，它将利用技术最大限度地提高安全性、流动性和环境绩效"。为此，美国运输部投资了一些新的运输技术，包括投资车辆与车辆的安全通信 1,150 万美元；投资车辆与基础设施的通信 930 万美元，如交通信号和定时更新；投资实时数据采集和管理 200 万美元，以评估交通、过境和货物的运输方式；投资动态移动应用 800 万美元，以寻找在不同运输方式之间转移人员和货物的最佳方式。应用 ITS 最大的影响将是交通管理的优化和等待时间的缩短。

减少运输和等待时间——精益制造的支持者认为等待是需要消除的 7 种主要浪费之一。然而等待是普遍存在的。美国人平均每个工作年要花 4 天的时间在交通等待上。根据得克萨斯 A&M 大学发布的《2012 年城市交通报告》，2012 年卡车在拥堵中等待的"成本"（包括燃料、浪费的时间等）为 270 亿美元（不包括运输货物的价值、损坏费等）。目前，谷歌等企业通过众包的方式收集实时交通数据——如果用户在启用 GPS 功能的手机上安装了谷歌地图，则该用户就可以将自己的位置实时传输到谷歌，以确定汽车正在哪条道路上行驶以及以什么速度行驶。当谷歌将这些信息与从路上其他手机上收集到的类似信息结合起来时，则可以通过在任何特定时间在城市中移动的成千上万部手机，很好地了解实时交通状况。然而，由于车辆没有直接将数据报告到一个集中的网络中，因此这样收集到的信息相当零散（例如，如果 4 个人在同一辆车里，从交通的角度来看，它只是一辆车；然而，从谷歌的角度来看，它是 4 个人，谷歌没有办法区分其中的区别）。因此，应用 ITS 有可能大大节省货运时间 据估计，节省的费用可达 302 亿美元。

立法 / 地缘政治和社会变革对运输业的影响

在过去的 20 年中，世界地缘政治环境发生了数次变化。世界许多地方的经济水平不断提高以及壁垒的打破，都以独特的方式影响了交通运输。这些变化和其他变化将继续改变货运业务的许多方面。在本节中，我们将讨论货运业务正在经历的一些变化。

上涨且不稳定的燃料价格

全世界的燃料价格都在上涨。仅在美国，汽油的零售价格已从2003年的平均每加仑约1.5美元上涨到2013年的每加仑约3.5美元，涨幅超过130%。2008年夏季，美国柴油的平均价格超过每加仑4.6美元。价格的大幅上涨源于几个因素，其中最大的一个因素是，随着全球化的加快，世界上较贫穷国家的收入水平正在迅速提高。这些不断提高的收入水平导致世界对燃料的需求增加（通过增加私人汽车的使用、更长的通勤时间和休闲旅行来实现）。由于燃料供应受到少数生产商的严格控制，整体影响是推高了价格。随着发展中国家的经济水平不断提高，这些国家对燃料的需求将继续增加。这表明，除非采用替代能源，否则在可预见的未来，燃料价格将继续上涨。燃料价格的这种上涨压力对运输业有着重要的影响。

许多货运企业和政府已经认识到燃料价格上涨趋势的必然性。因此，预计未来将有几项举措影响运输行业。其中一些是通过政府行动推动的，另一些则是由行业驱动的。

（1）节油车队——在许多国家（包括美国），在政府和工业界的共同努力下，提高运输车队的燃油效率是双管齐下的。例如，美国联邦政府已经提议根据重量和预期用途对卡车实施燃油效率标准。例如，到2018年，公路上的牵引式拖车要减少20%的燃料消耗和二氧化碳排放量。重型皮卡和货车将适用不同的汽油和柴油燃料标准，减幅在10%～15%。其他工作卡车必须在2018年前将燃料消耗和温室气体排放量减少10%。

因此，在不久的将来，一些较老的牵引式拖车将被更换，取而代之的是更省油的牵引式拖车，这意味着许多企业将面临资本支出。

（2）替代燃料汽车——替代燃料进入汽车市场已有一段时间了，但是大部分的发展都是针对汽车而不是商用车辆。将相同的技术应用于商用车辆，特别是卡车时，会遇到一些挑战。在汽车技术中，替代燃料最新的发展是使车辆全电动化。然而，这对于牵引式拖车来说是一个挑战，因为它们需要拖运的货物量很大，甚至需要行驶更长的距离。而电池技术还没有发展到可以存储如此多的电量而又不占用大量空间的程度。要拖曳两辆拖车，第一辆拖车必须是全电池的，这是极不可行的解决方案。在使用 CNG 运行的卡车上也存在同样的问题，因为即使压缩到 3,000 磅 / 平方英寸，CNG 所需的存储空间也大约是柴油的 6 倍。对主要目的是运输大量货物的车辆来说，这是对存储空间的严重浪费。不过，一种替代燃料正在兴起：LNG。LNG 是通过将天然气冷却至零下 260 华氏度（1 摄氏度约为 33.8 华氏度）并将其体积压缩为原来的 1/600 而产生的，而 LNG 所需的存储空间仅为柴油的 1.7 倍左右。在启动时，此类卡车仍然需要使用少量的柴油，但总体而言，柴油的使用量通常会减少约 95%。目前，阻碍更广泛地采用这项技术的问题是缺少加油站，加油站的运营成本约为 150 万美元。但是，更广泛地采用这项技术只是时间问题。

全球变暖和温室气体排放

“全球变暖”一词指的是自 19 世纪后期以来地球大气和海洋的平均温度上升及其预计的持续趋势。自 20 世纪初以来，地球表面的平均温度上升了约 0.8 摄氏度，其中约 2/3 的增长发生在 1980 年以后。科学界的普遍共识是，造成这一现象的主要原因之一是人类活动（如燃烧化石燃料和砍伐森林）所产生的温室气体浓度增加。

全球变暖的有害影响（水位上升、低洼地区被淹、极地冰盖减少等）已经广为人知，其对运输的影响也很明显（如改用替代燃料汽车）。但是，一些意想不到的积极影响并未引起太多的关注。

例如开启北极航道。近年来，全球变暖改变了北极的环境，在过去的几十年中，北极夏季的冰盖减少了 40%以上。一些新闻报道指出，到 2030 年夏季，北极可能会完全没有冰。这就提出了这样一种可能性，即人们可能很快就可以轻松地沿着北极的海上航道航行。对于运输公司、采矿公司以及石油和天然气勘探公司来说，这是一个极其诱人的想法。与亚洲和欧洲之间的传统航道相比，北极航道可以缩短 12 ~ 15 天的时间（相当于节省 25% ~ 30% 的航行时间）[2]。在一个"时间就是金钱"的世界里，节省的运输时间就是远洋运输公司的"金矿"。沿这条航道运输的兴趣的增长令人震惊: 2010 年，只有 4 艘船沿这条航道航行；在 2011 年，这一数字增加到 46 艘；在 2013 年，至少有 370 艘船可能会沿这条航道航行（注: 本书的写作时间早于 2013 年），在短短 3 年中增长率达到 9,250%！

对支持不断增长的人口的基础设施的需求

2011 年，世界人口突破 70 亿大关。1928 年，世界人口只有 20 亿。联合国估计，到 2030 年，世界人口将达到 74 亿 ~ 92 亿（其他资料显示，这一数字将达 80 亿）。人口的急剧增加，加上世界各地不断提高的生活水平，将使本已处于压力之下的交通和物流系统雪上加霜。与人口增长有关的一个趋势是向城市迁徙的活动的增加，特别是在快速发展的国家。

越来越多的人离开农村，到城市寻找机会。这种迁徙加剧了交通拥堵，并进一步给城市基础设施带来压力[3]。

一些国家正在对其基础设施进行大量投资，以满足日益增长的需求。据报道，中国在交通基础设施上的投资相当于该国 GDP 的 9%，其中约 1 万亿美元用于货运基础设施的投资。这些投资的大部分都集中在提升中国沿海运输地点的出口能力上，而港口以西的内陆地区的运输仍然面临着很大的挑战。实际上，据说从中国西部城市到上海的货运成本，要高于从上海到洛杉矶的海运成本。

其他国家发现很难在交通运输方面进行大规模投资。例如，美国许多运输方式的基础设施都面临非常严重的问题。特别是那些依靠公共设施（公路和水路运输）的企业，面临着维护和扩展基础设施以维持货运及客运量增长的斗争。许多用于支持密西西比河和俄亥俄河航线上的驳船运输的闸门及水坝建于过去的 50 年。经过 80 多年的使用，许多设备仍在运行。2007 年，明尼苏达州明尼阿波利斯的 35 号州际公路西桥倒塌等灾难，时不时地提醒人们维护现有基础设施的必要性。截至 2012 年，在美国，超过 10%的桥梁被评为“结构缺陷”，另有 13%被认为“功能过时”，不足以支持现代交通[3]。显然，需要提出解决方案来支持安全、高效的人员和货物的运输。

由于没有足够的公共资金，联邦政府和许多地方、州政府正求助于私人资金来源。公私合营是公共部门和一个或多个私营商业利益集团之间的合资企业。这种伙伴关系采用多种投资形式，但其目的是支持现有基础设施的新发展或改进，而这些基础设施以前被视为公共资产。可以理解的是，商业实体有赢利动机，这让一些人感到不安，因为“公共资产”

被用来产出商业利益。在收费公路、桥梁、停车场等基础设施中都采用了伙伴关系。在世界大部分地区，公私合营正在兴起，特别是在急需基础设施建设投资的地区。

对运输安全保障不断增长的需求

如本书前面所述，对于任何经济体而言，运输都是必不可少的活动。经济越发达、贸易水平越高，国家也就越依赖可靠的运输。要积极参与经济建设，交通运输对人和货物都是必不可少的。人和货物共享许多常见的通行权，例如道路。 意外伤害和死亡统计数据讲述了道路上的重型运输工具与人相撞的不幸的悲惨故事。

此外，我们对交通的依赖会使运输方式成为那些试图通过暴力手段胁迫并破坏经济的群体的目标。运输资产的不同性质和巨大的运输量使得几乎不可能保证在世界范围内的安全运输。

随着世界各地对交通运输经济事务管制的放松，监管的重点正在转向安全和社会问题。例如，在美国，1962–2004 年，针对商用机动车辆驾驶员的 HOS 规定一直没有改变。2013 年，随着监管机构更多地认识到疲劳会造成事故发生，这些规定发生了改变。很多研究会带来更多的变化，包括要求承运商使用电子车载记录器（Electronic on Board Recorders，EOBR）来监控驾驶员的工作时间，取代驾驶员几十年来一直使用的纸质行车日志。同样，通过 2010 年启动的合规、安全和问责（CSA）计划，驾驶员个人和雇用他们的承运商被要求达到更高的安全绩效标准。人们对安全的期望将不断提高，问责将不断加强。

至于如何应对恐怖主义，迄今为止的首要重点仍然是安全运送乘客。

今后将更多地关注货物问题。当务之急是防止将货物运输作为故意运送有害装置和化学品的手段。记录和监控可疑托运人是发现潜在危险货物的主要手段——只有一小部分抵达海港的集装箱会在抵达时接受X光扫描或检查。能够更快、更有效地筛查货物的监视技术仍在开发之中，并在不久的将来部署在最大的港口。

另一个日益重要的安全问题是保证诸如食品等基本物资的安全运输。至关重要的是，一个国家的食品供应安全在整个供应链中都应保持其完备性，包括运输时间。更多的注意力将放在保证恰当的包装上，以保护消费者不会吃到在途中受到污染的食物。在相关的基础上，农业托运人将发现有必要在整个销售过程中保持他们所销售谷物的基因特性。转基因生物（Genetically Modified Organisms，GMO）或基因工程作物，有助于提高害虫抗性和作物产量，但它们在许多环境中都是令人担心的，甚至在欧盟被禁止出售。因此，区分转基因作物和非转基因作物就变得至关重要，以确保这两种作物在农场和食品加工厂之间的任何地方都不会混在一起。迄今为止，用于区分转基因生物和非转基因生物的设施（如粮仓和电梯）及运输车辆（如卡车和火车）的应用并不普遍。这些要求可能会影响设施和运输能力在未来的使用。

小结

阅读完本章和本书后，你会知道社会的运输需求是随着时间发展变化的。运输（尤其是货物运输）是一种衍生需求，因为运输是其他经济必需品的产物。随着消费者的品味、社会偏好和国际关系的发展，消费模式也在发生变化，而交通运输也必须做出改变以适应这些变化。对运输行业的未来进行预测充满了风险。例如，仅仅在几十年前，很少有人能预测到 2013 年美国最大的进口伙伴是中国。在本章中，我们介绍了一些正在迅速发展的趋势：基于互联网的商业模式（如在线购物和 3D 打印）、自动化（如无人驾驶汽车）、环境因素（如替代燃料汽车和北极航线）、日益增长的运输需求，以及整个供应链的安全保障。这些问题将决定未来运输业的发展方向。让我们在未来观察并反思这些预测是否成立。

本章的主要内容如下。

（1）运输在社会的形成和发展中发挥了重要作用，并将继续影响未来社会的发展。

（2）互联网等技术会影响商业运作的方式。随着电子商务的不断发展，企业必须调整运输系统以经济地实现送货上门。

（3）新技术是运输领域最重要的发展之一，它正在改变企业思考和实施运输管理的方式。

（4）立法 / 地缘政治和社会变革将继续对运输实践产生重大影响。有效适应这些环境条件的企业将获得显著优势。

参考文献

[1]T. M. Laseter, E. Rabinovich. Internet Retail Operations: Integrating Theory and Practice for Managers[M].（Boca Raton, FL: CRC Press, 2011）.

[2]Robin McKie. China’s Voyage of Discovery to Cross the Less Frozen North. The Guardian. August 17, 2013.

[3]Chad W. Autry, Thomas J. Goldsby and John E. Bell. Global Macrotrends and Their Impact on Supply Chain Management: Strategies for Gaining Competitive Advantage[M].New York: FT Press, 2013.

拓展阅读

[1]Ashley S. Robot Truck Platoons Roll Forward[J]. 2013.

[2]Blair S. East Meets West under the Mongols. *The Silk Road Foundation News- letter.*

[3]Durmaine B. The Driverless Revolution Rolls On. *CNN Money.* Accessed 24 September 2013.

[4]Goldsby, T. J., S. S. Rao and S. E. Griffis. The Opportunities and Challenges of Online Retail Logistics[J]*Logistics Quarterly*, 2011（Winter）: 46 - 47.

[5]Guizzo, E. How Google's Self Driving Car Works[J]. *IEEE Spectrum*,2011 （10）: 11 - 12.

[6]Laseter, T., Rabinovich, E. *Internet Retail Operations: Integrating Theory and Practice for Managers*, 1st ed[M]. Boca Raton, FL: CRC Press, 2011.

[7]Rao, S. S. Internet Retailers Get Revved Up—The Logistics of Electronic Com-merce from a B2C Perspective[J]. Industrial Management,2012（10）: 14.

致谢

我们何其荣幸能学习和实践物流与供应链管理。我们想不到还有什么领域的学术界和产业界能互相提供如此多的资源。处在供应链的学术界和产业界交流最前沿的是美国供应链管理专业协会（CSCMP，迄今已有超过 50 年的历史）。我们要感谢该组织的现任和历任领导促进该学科的发展。CSCMP 是坚持研究和教育、引领社会的协会。直到今天，CSCMP 仍然是该领域的学者和从业者见面、交流思想与合作“必须去”的地方。作为学者，通过参与 CSCMP 的活动，我们不仅能互相学习，而且还能向产业界学习，深入了解现代企业面临的挑战。我们有幸能通过对有意义的真实世界的研究来提供一些成果，这有利于健康地交流。但是产业界与学术界之间的这种交流并非在所有商业领域都通用。我们再次感谢 CSCMP 在过去的半个世纪中促进了这种合作。我们将以极大的热情迎接未来。

我们也衷心感谢培生（Pearson）与 CSCMP 联手支持 SCPro 认证。该认证的实施是协会以及整个供应链行业中激动人心的发展成果（只有在培生的支持下，出版和传播世界一流资料才有可能）。此外，我们还要感谢编辑团队，尤其是珍妮·格拉瑟·莱文（Jeanne Glasser Levine），她是本书出色的管理员。特别感谢查德·奥特里博士（Dr.

Chad Autry）邀请我们撰写此书，并让我们坦诚地表达自己的所思所想。

我们还要感谢俄亥俄州立大学、中央华盛顿大学和奥本大学对我们的工作提供支持。通过新知识的创造、下一代业务领导者的培养以及为实现这些目标所做的努力，这3个机构致力于推动物流领域和供应链管理学科的发展。我们很幸运地拥有众多出色的同事和合作者，由于人数太多，无法完整列出，主要包括：约翰·卡尔塔吉罗内（John Caltagirone）、玛莎·库珀（Martha Cooper）、基利·克罗克斯顿（Keely Croxton）、吉姆·金特（Jim Ginter）、斯坦利·格里菲斯（Stanley Griffis）、迈克尔·奈梅耶（Michael Knemeyer）、池权（Ike Kwon）、道格拉斯·兰伯特（Douglas Lambert）、佩格·彭宁顿（Peg Pennington）、约翰·萨尔达尼亚（John Saldanha）、特德·斯坦克（Ted Stank）、彼得·沃德（Peter Ward）、戴维·威迪菲尔德（David Widdifield）以及沃尔特·津恩（Walter Zinn）。特别感谢精益管理咨询公司LeanCor的罗伯特·马钦科（Robert Martichenko）先生对与学习和乐趣有关的所有事物的慷慨支持。还要感谢“哥伦布四号”的肯尼思·阿克曼（Kenneth Ackerman）、迪克·希契科克（Dick Hitchcock）、巴德·拉隆德（Bud LaLonde）和阿特·范·博德格伦（Art Van Bodegraven）为我们的写作和学科的发展做出了慷慨贡献。希望在此尚未被我们提及的其他人能够原谅我们，并明白我们确实很感谢他们。